Manfred Eimer

Die politischen Verhältnisse und Bewegungen

in Strassburg in Elsass im Jahre 1789

Manfred Eimer

Die politischen Verhältnisse und Bewegungen
in Strassburg in Elsass im Jahre 1789

ISBN/EAN: 9783743488380

Hergestellt in Europa, USA, Kanada, Australien, Japan

Cover: Foto ©Suzi / pixelio.de

Manufactured and distributed by brebook publishing software (www.brebook.com)

Manfred Eimer

Die politischen Verhältnisse und Bewegungen

DIE
POLITISCHEN VERHÄLTNISSE UND BEWEGUNGEN

IN

STRASSBURG IM · ELSASS

IM JAHRE 1789.

INAUGURAL-DISSERTATION

ZUR ERLANGUNG DER PHILOSOPHISCHEN DOCTORWÜRDE

AN DER

KAISER WILHELMS-UNIVERSITÄT ZU STRASSBURG

VON

MANFRED EIMER

AUS TUBINGEN.

STRASSBURG

J. H. ED. HEITZ (HEITZ & MÜNDEL)

1897.

Zum Druck genehmigt von der Fakultät
am 29. Mai 1897.

MEINEN ELTERN.

Vorbemerkung.

Das Jahr 1789 war, wie für Frankreich, so auch für die Stadt Strassburg epochemachend. Die Verhältnisse und Vorgänge daselbst sind jedoch in den vorhandenen zusammenhängenden Darstellungen der Revolutionszeit teilweise gar nicht, teilweise nur flüchtig berührt worden. Die einzige ausführlichere Schilderung findet sich in der von Engelhardt fortgesetzten «Vaterländischen Geschichte des Elsasses» von Strobel, im fünften Bande. — Doch hat der Verfasser manche vorhandene Quelle nicht benützt, vor allem aber die Schätze des Stadtarchivs keineswegs genügend verwertet. Ihnen ist dann R. Reuss durch die Veröffentlichung der Korrespondenz zwischen den Strassburger Abgeordneten und den Repräsentanten der Bürgerschaft in seinem Buch «L'Alsace pendant la révolution française,» I. Teil, in dankenswertester Weise gerecht geworden. Seine Veröffentlichung forderte zu einer neuen Darstellung der Strassburger Geschichte im Jahre 1789 auf. Ich selbst habe dabei neben einigen bei Reuss nicht abgedruckten Originalen auch die im Entwurf oder in den Ratsprotokollen als Abschrift vorhandenen Briefschaften, namentlich die Korrespondenz der Deputierten mit dem Magistrat, benützt und solche, die mir charakteristisch oder inhaltlich wichtig erschienen, im Anhang mitgeteilt.

Es ist nicht zu verkennen, dass gerade das genannte Jahr für die Stadt und für das Unter-Elsass von besonderer Wichtigkeit gewesen ist, da durch die Revolution die bisher noch in Kraft stehende altreichsstädtische Verfassung Strassburgs aufgelöst wurde, und die Stadt, den übrigen Gemeinwesen Frankreichs gleichgestellt, in engerer Verschmelzung, innigeren Anteil an den Interessen und Angelegenheiten Frankreichs nehmen musste, als vordem. Wie aber so oft bei gewaltsamen Umsturzbewegungen, fehlt es auch in der Geschichte Strassburgs in diesem Jahre nicht an undurchsichtigen und unaufgeklärten Episoden. Ich habe mich bemüht, Wahrscheinliches und Unwahrscheinliches schärfer, als es schon geschehen, zu kennzeichnen. Es ist aber nicht gelungen, in jeder Hinsicht ein befriedigendes Ergebnis zu liefern.

Diesen Gegenstand zu meiner Promotionsschrift zu wählen,[1] wurde ich dadurch veranlasst, dass die Philosophische Fakultät der Kaiser-Wilhelms-Universität im Mai 1895 eine Preisaufgabe unter dem Titel der vorliegenden Arbeit stellte, deren Lösung für mich erfolgreich war. Bei der Benutzung des Stadt-Archivs wurde ich damals wie in der Folge von dem Direktor Herrn Dr. Winckelmann auf das freundlichste unterstützt. Bei der Erweiterung zur Promotionsschrift wurde ich bereitwilligst beraten und unterstützt durch meine hochverehrten Lehrer, die Herren Professoren Dr. Varrentrapp und Dr. Bresslau, sowie durch den Vorstand des Bezirksarchivs, Herrn Professor Dr. Wiegand, die ich bitte, auch an dieser Stelle meinen tiefgefühlten und hochachtungsvollen Dank entgegen zu nehmen. Ihre liebenswürdigen Bemühungen einerseits, das Material der Archive, sowie der für meine Zwecke lückenlose Bestand der Universitäts- und Landesbibliothek andererseits haben meine Arbeit auf das angenehmste gefördert. Auch die Direktion des Generallandesarchivs zu Karlsruhe stellte mir daselbst vorhandene Akten bereitwilligst zur Verfügung, auf die ich durch die Liebenswürdigkeit des Herrn Privatdozenten Dr. Th. Ludwig aufmerksam gemacht wurde. Auch den Letzteren bin ich zu aufrichtigem Dank verpflichtet.

---

[1] Als solche sind mit Genehmigung der Fakultät nur die Einleitung und Kapitel I—IV. in besonderem Abzug erschienen.

Einleitung.

Die Darstellung der Neuwandelungen in den Verhältnissen Strassburgs im Jahre 1789, welche die Stadt enger mit Frankreich verbanden, als es bis dahin der Fall gewesen, hat auszugehen von der Uebergabe der Reichsstadt an das Königreich, am 30. September 1681, und dem Wortlaut der Kapitulation, die Ludwig XIV. damals der Stadt gewährte. Dies Ereignis, und die Aenderungen, die nicht sowohl infolge, als trotz jener Urkunde im Laufe des bis zur Revolution verflossenen Jahrhunderts durch Massnahmen der französischen Regierung eintraten, gaben nicht nur der deutschen Nation, sondern auch den Strassburgern selbst Anlass zu Klagen und Bedenken genug. Und es war nicht ohne Absicht, wenn auf der anderen Seite unermüdlich betont wurde, dass der Stadt sämtliche Rechte und Privilegien, die sie als Reichsstand besessen, feierlich gewährleistet worden waren (Artikel II).[1] Im Sinne des Vertrags

---

[1] Die Kapitulation ist im Wortlaut abgedruckt in den Ordonnances d'Alsace, pnbl. von de Bong, Colmar 1775, 2 Bde. I. S. 106. Ferner bei Türckheim, J. v., Abhandlung das Staatsrecht der Stadt Strassburg und des Elsasses überhaupt betreffend. Aus dem Französischen übersetzt. Strassburg 1789, S. 149 fg. — Hermann, Jean-Frédéric, Notices historiques, statistiques et littéraires sur la ville de Strasbourg, 2 Bde., Strassburg 1817, und 1819. I. S. 76 fg. — Coste, Réunion de Strasbourg à la France, Strasbourg 1841. S. 108 fg. — Facsimile bei Piton, F., Strasbourg illustré. Bd. II. 1855. S. 58.

wechselte die Stadt nur ihren Herrn; ihr Magistrat, so hiess es, sollte in seinem bisherigen Zustand, und im vollen Gebrauch seiner damaligen Machtbefugnis erhalten werden. (Artikel IV). Die freie Ausübung der Religion, in Strassburg damals der protestantischen, sollte bestehen bleiben, nur das Münster der katholischen Kirche zurückgegeben werden (Art. III). Auflagen für den Staat sollten von der Bürgerschaft nicht erhoben werden (Art. VI), vielmehr alle Einnahmen, Zölle und Gefälle in die Stadtkassen fliessen, wie bisher (Art. V). — Der Handel sollte keine Veränderung erleiden (Art. V): als erste Forderung für sein Blühen galt mit Recht die Anerkennung des Elsass als einer *province de l'étranger effectif*.[1]

Ein eigentümliches Verhältnis bestimmte und erleichterte demgemäss fortan besonders für Strassburg den Handelsverkehr nach allen Seiten, vorzüglich mit dem Reich und der Schweiz. Die Zollgrenze war nicht an den Rhein verschoben worden, sondern auf den Vogesen geblieben.

Diese Handelsinteressen waren die einzigen, welche die Stadt mit der Provinz enger verbanden. Denn während in letzterer ein Intendant gebot, war Strassburg dem Kriegsminister unmittelbar untergeordnet. Nur in rechtlicher Beziehung hatte die Stadt, in gewissen Fällen, mit der Verwaltung des Elsass Gemeinsamkeit. Als französische Stadt zeigte sie sich nur, wenn es ihren Vorteil galt. Sonst wollte sie ein Freistaat mit eigener Verwaltung bleiben. Nicht einmal zum Dienst im Heer des Königs liessen sich die Strassburger herbei. Sie blieben frei davon, so lange sie im Elsass wohnten.[2]

Andererseits gewann die Stadt an äusserem Glanz durch

---

[1] Vgl. Krug-Basse, M. J., l'Alsace avant 1789. Paris et Colmar. 1876. S. 41.
[2] Seinguerlet, E., Strasbourg pendant la révolution. Paris 1881. S. 350 irrig: «dans tout le royaume». Diese Vergünstigung wurde aufgehoben durch einen Brief Brienne's an den Prätor vom 6. September 1788. (Stadt-Archiv, Actes constitutives et politiques de la commune. Archives du préteur. Série AA. 2435.) Vgl. auch Krug-Basse a. a. O. S. 71 und das Beschwerdenheft der Stadt, abgedruckt bei Reuss, Rod., L'Alsace pendant la révolution française. I. Correspondence des députés de Strasbourg etc. Paris 1880. S. 31 fg. Freiwillig befanden sich «beständig mehr als 20 000 Elsässer unter den Truppen des Königs». (Türckheim, a. a. O. S. 101.)

die starke Besatzung[1] sowie durch die, wenigstens nominelle, Anwesenheit der hohen Provinzialbeamten, des Domkapitels und zahlreicher Mitglieder des niederelsässischen Adels, dessen Direktorium in der Stadt seinen Sitz hatte; und wäre Strassburg auch den anderen Städten Frankreichs gleichgestellt worden, so hätte es doch im französischen Staatskörper als Hauptstadt einer reichen Provinz, als die es von der weitaus grössten Mehrzahl der Franzosen thatsächlich betrachtet wurde, allemal grösseres Ansehen genossen, denn zuvor als Reichsstand.

Naturgemäss blieb der Gesichtspunkt einer Vorherrschaft über das Elsass auch in der Stadt selbst nicht völlig ausser Acht. Es kam vor, dass der Magistrat ihn selbst geltend machte. Aber das war nur in der Not, wenn es galt, den Rang der Stadt und damit ihre Stellung zu sichern. — Dass Strassburgs Vorrechte sonst wenig bekannt waren, oder gering geachtet wurden, das hätte zwar an sich der Kapitulation wenig Abbruch gethan. Aber nach und nach wurden, wie Reuss es ausdrückt,[2] durch ein jesuitisches Auslegungssystem, durch Abmachungen vor allem Ludwig's XIV. selbst, fast alle Punkte beeinträchtigt oder umgangen. Denn so zäh und ängstlich Strassburg an seinen verbrieften Rechten und Freiheiten festhielt, so wenig gelang es dem Magistrat, der mannigfachen Neuerungen und Verordnungen des Königs, bzw. der Minister sich zu erwehren.

Es dürfte für das Verständnis der Bewegungen des Jahres 1789 nötig sein, zunächst die Hauptmerkmale der Verfassung

---

[1] 1789: 2 Bataillone Royal Infanterie. 2 Bat. Alsace. 2 Bat. Royal Hesse-Darmstadt. Artillerieregiment «Strassburg». 4 Eskadronen Royal Cavallerie. 4 Eskadronen Artois. Ein Bataillon war etwa 720 Mann stark. — Das Regiment la Fère, das nach Engelhardt (Strobel, A. W., Vaterländische Geschichte des Elsasses; fortgesetzt von 1789—1815 von Dr. L. H. Engelhardt. 2. Ausgabe. Strassburg 1751. V. Teil; i. d. F. angeführt als «Strobel») S. 312, Anm. 1, in der Zitadelle lag, stand nach dem Almanach d'Alsace pour l'année 1789 (par Oberlin), S. 128, in Pfalzburg. — 1789 befanden sich am 1. Mai nach einer im XIIIer Protokoll Fol. 137 eingetragenen und Gombault unterschriebenen Note von den Kavallerieregimentern nur noch je drei Eskadronen in Strassburg; im Ganzen «14 Bataillons ou Escadrons.»

[2] Louis XIV. et l'église protestante de Strasbourg. Paris 1887. S. 15.

und Verwaltung der Stadt kurz vor Augen zu führen.[1] Sie war in ihrer Vielgestaltigkeit den Franzosen fremdartig; was Erasmus nicht genug als musterhaft hatte loben können, schien Richelieu nur wegen seiner Absonderlichkeit der Beschreibung wert.[2]

Noch immer von besonderer Wichtigkeit war die Einteilung der Bürgerschaft in die z w a n z i g Z ü n ft e, worunter die der Metzger, genannt «zur Blum», und die der Handelsleute, «zum Spiegel», im Jahre 1789 am meisten hervortraten. Diese Zünfte umfassten alle eigentlichen Bürger, Handwerker, Kaufleute, Gelehrten, Künstler, ohne Rücksicht auf die Benennung der einzelnen Zunft, bzw. die Gattung des Erwerbszweiges des Einzelnen, waren daher von denen Frankreichs grundverschieden.[3]

Die Adeligen, die einen angesehenen Bestandteil auch des Magistrats ausmachten, waren *cives honorarii*, und trugen, dem Namen nach wenigstens,[4] zu den direkten Steuerleistungen der Stadt bei. Sie hiessen mit einer alten und etwas dunklen Benennung die «Herren Constoffler».

Neben diesen und den eigentlichen Bürgern gab es eine beträchtliche Anzahl von Schirmverwandten, zumeist fremden Handwerkern, die geringere Rechte besassen, und z. B. weder aktives noch passives Wahlrecht zum Magistrat hatten. — Endlich ist die Klasse der Privilegierten zu erwähnen, d. h. die Beamten des Königs, die von jeder Abgabe frei waren.

Aus den Zünften nun wurden je 15 S c h ö ff e n gewählt,

---

[1] Vgl. besonders S c h ö p f l i n, Alsatia illustrata, Band II. Strassburg 1761. S. 332 fg. — H e r m a n n, a. a. O. II. S. 6 u. 12 fg. — S c h u t z e n b e r g e r, G. F. Esquisse historique de la Constitution de Strasbourg. Str., 1843. — P i t o n. a. a. O. I (1852). S. 156 fg. — L u d w i g, H. (von Jan), Strassburg vor hundert Jahren. Stuttgart 1888. S. 202 fg., u. a.

[2] Vgl. den Brief des Erasmus im Anhang seiner Schrift: De duplici copia verborum et rerum, 1514. — Die Aeusserung Richelieu's bei K r u g - B a s s e a. a. O. S. 63.

[3] Vgl. Ludwig a. a. O. S. 328. Anm. 101. — Heitz, F. C., das Zunftwesen in Strassburg. 1856. Dies Buch giebt in bez. auf die Aemter den Zustand von 1681 wieder.

[4] Vgl. M a t h i e u, J., Alsace et Strasbourg 1790. S. 6. Er sagt zu viel. Die Stättmeister griffen häufig mit Erfolg in die Magistratsverhandlungen ein, wenn schon sie einen Teil ihrer früheren Macht verloren hatten.

und aus diesen 300 gingen die Mitglieder der verschiedenen Ratskollegien hervor. Ohne ihre Genehmigung durfte früher der Magistrat nach der Verfassungsurkunde der Stadt, dem Schwörbrief von 1482,[1] nichts Wichtiges beschliessen oder verordnen. Seit dem Jahre 1612 jedoch wurde keine allgemeine Schöffenversammlung mehr berufen,[2] und durch die Einzelberatung eines jeden der 20 Schöffenkollegien zersplitterte sich ihre Gewalt. Sie ergänzten sich selbst, was der ursprünglichen Bestimmung der freien Wahl des Rats durch die Bürgerschaft widersprach und allmählich von den ausserhalb stehenden, ämterlosen Bürgern, als grosser Uebelstand empfunden wurde;[3] zumal da das Vertrauen in die thatkräftige Vertretung der Bürgerinteressen durch die Schöffen nicht gross war, und man sie und besonders die Magistrate der Ueberhebung anklagte. «Wer durft' es wagen, den beständigen Magistratspersonen zuwider zu handeln, da diese Herren alle nur mögliche Gewalt in sich vereinigten?»

Aus dem Widerstand gegen die Adeligen war die Macht der Zünfte und der Schöffen im XIV. Jahrhundert hervorgegangen; sie wurde durch eine neue Aristokratie, die aus ihr sich erhob, wiederum beschränkt.[4]

Besonders bei den Adeligen war wegen ihrer geringen Anzahl Nepotismus nicht zu vermeiden; aber auch unter den zünftigen Ratsherren traten die eigentlichen Gewerbetreibenden vor Juristen und anderen Studierten in den Hintergrund, wenngleich gerade bei der obersten richterlichen Behörde der Stadt, dem Grossen Rat, das Gegenteil von den Zeitgenossen hervorgehoben wurde, und den Zornausbrüchen über die unjuri-

---

[1] Vgl. Elsässische und Strassburgische Chronik von Jakob von Königshoven, hg. von Schilter 1698., S. 1092 fg. — Hegel, C., Chroniken der oberrheinischen Städte. Band II. Leipzig 1871. S. 946 fg. — Zu Anfang des Jahres 1789 lautet die Eingangsformel der Verordnungen des Magistrats: «Wir, N. N., der Meister und der Rat der königlichen freien Stadt Strassburg, samt unseren Freunden, den Einundzwanzigen, thue hiemit kund und jedermänniglich zu wissen..»
[2] Vgl. Hermann, a. a O. II. S. 35.
[3] Vgl. Reuss, l'Als. S. 10 u. 11 in der Anmerkung, u. Ludwig a. a. O. S. 5 u. 6.
[4] Vgl. Schmoller, G., Die Strassburger Tucher- und Weberzunft. Strassburg 1879. S. 531.

stischen Stadtgerichte anerkennende Aeusserungen des Ministers über das Verfahren gegenüberstehen.¹

Der Grosse Rat hatte [in der Kriminaljustiz nur das Begnadigungsrecht an den König verloren; in bürgerlichen Fällen dagegen war seine Macht durch die Errichtung des Hohen Rats in Colmar als oberster Berufungsinstanz der Provinz von 2000 Livres ab beschränkt worden (Art. IV), während er seinerseits dem K l e i n e n Rat gegenüber diese Funktion erfüllte, wo es sich um Fälle unter 1000 Livres handelte.²

Ferner unterstanden dem Grossen Rat einige der «unzähligen» Nebenbehörden, die zur Leitung einzelner Geschäftszweige abgeordnet wurden.³

Er war die erste Ratskörperschaft, die den Schöffen offenstand. Nach zweijähriger Thätigkeit daselbst konnten sie in die Verwaltungsbehörde der Stadt eintreten.

Diese hiess «d a s b e s t ä n d i g e R e g i m e n t», und setzte sich aus z w e i K a m m e r n, den «Gnädigen Herren» XIIIer und XVer, sowie einem Kollegium von Ergänzungsmännern, den s. g. XXIer zusammen.⁴

Die XVer waren die bestgehassten Ratsherren der Stadt. Ihnen war die Aufrechterhaltung der alten Verfassung anvertraut, wobei sie selbst unumschränkt die Gesetze ändern konnten. Diese Gewalt «zu mehren und zu mindern», das Aufsichtsrecht,

---

¹ Vgl. H e r m a n n a. a. O. II. S. 21.
² S c h u t z e n b e r g e r a. a. O. S. 28, und nach ihm H e i t z a. a. O. S. 6 und S t r o b e l III. 172. geben die Mitgliederzahl des Kleinen Rats irrtümlich auf 18 an. Derselbe bestand aus 23 Mitgliedern. Vgl. A l m a n a c h 1789 S. 212 und 219; der Stadt Strassburg R e g i m e n t s v e r f a s s u n g 1789. S. 64 fg. Letztere hat amtlichen Charakter. — Für die Einsetzung eines besonderen Richters für das bischöfliche Schloss giebt M u l l e r, a. a. O. S. 19. 1704 an. Dieselbe erfolgte erst 1729. Vgl. Ordonnances d'Alsace, t. II. S. 42 fg.
³ Es waren an 90 verschiedene, mit einem entsprechenden Schwall von Unterbeamten. Vgl. H e i t z, a. a. O. S. 8 fg. M u l l e r, a. a. O. S. 11 fg.
⁴ Der Ursprung der letzteren Bezeichnung ist dunkel. Es waren ihrer gewöhnlich nur 4 bis 5. Man spricht in der Regel von den drei Kammern, obgleich nur die XIII. und XV. für sich und auch ohne Verbindung mit den XXI. zu beraten hatten, letztere dagegen nur in Vereinigung mit den beiden anderen Kammern zu den «Drei geheimen Stuben», oder mit jenen u n d dem grossen Rat zum eigentlichen Stadtmagistrat — den «Räth und XXI» —, amtliche Thätigkeit besassen, und daher auch die «ledigen Herren XXI» hiessen.

das sie über jedermann vom regierenden Ammeister bis zum geringsten Büttel herab besassen, die Abhängigkeit, worin die Zunftgerichte von ihnen als der letzten Instanz in Handwerkssachen sich befanden; ferner die Einziehung der Steuern, deren Festsetzung ihnen oblag — kurz, ihre Stellung als eigentliche Behörde der inneren Verwaltung versetzte sie in die Lage, viele Wünsche, die rege waren, nicht befriedigen und Massnahmen nicht vermeiden zu können, die hier angenehm, dort aber unliebsam berührten. Es blieb daher nicht aus, dass sie die heftigsten Anfeindungen zu erdulden hatten, besonders von seiten der über die Accise erbitterten Metzger, deren Trotz die XVer vor kurzem in einer die Abänderung der gebräuchlichen Fleischwaagen bezweckenden, langwierigen und erbitterten Streitsache mit Strenge und Gewalt bekämpft hatten. Ausserdem waren sie eben im Jahre 1789 mit ihnen über einen Schadenersatz von 62000 Livres für den Brand des städtischen Unschlittmagazins in einen Prozess geraten, wobei die übrigen Zünfte mit ihren Genossen fühlten, und für sich selbst fürchteten. Das Verhältnis zu den XVern wurde so allmählich ein immer unerquicklicheres. Aber abgesehen von dem Waagenstreit, wo Recht und Unrecht auf beiden Seiten war, — in bez. auf den sonstigen angeblichen Missbrauch der Amtsgewalt ist doch die Ueberzeugung hervorzuheben, die man aus den Verhandlungen der Kammern gewinnt: dass in den meisten Fällen die grosse Menge von Klagen und Begehren der Zünfte und der Einzelnen mit Wohlwollen und Geduld entgegengenommen und mit versöhnlicher Nachgiebigkeit, ja mit peinlicher Erwägung des Für und Wider, behandelt wurden. Welche Vorteile sollten sich die Ratsherren auch davon erwarten, wenn sie die Bürger umtrieben oder knechteten? Man kann sich des Eindrucks nicht erwehren, dass die Missliebigkeit Einzelner ein schlechtes Licht auf ihre Körperschaft im allgemeinen warf, und dass im übrigen von persönlichen Feinden eine eifrige Hetze gegen den Magistrat betrieben ward. Natürlich waren auch an den strassburgischen Einrichtungen, wie in jeder Verwaltung, Uebelstände zu finden. Aber man musste wohl mehr diese Einrichtungen selbst tadeln, als die, welche danach handelten.[8]

---

[8] Vgl. F r i e s e, Joh., Neue vaterländische Geschichte der

Am grellsten treten die Mängel allerdings eben bei den XVern hervor. Hier vorzüglich zeigt sich das Ungesunde der Entwickelung der strassburgischen Stadtverfassung: aus den Beratern waren die Bestimmenden, aus den bescheidenen, vom Rat im XV. Jahrhundert eingesetzten Kommissionen mächtige Behörden geworden, die das innere Leben der Stadt in jeder Hinsicht beeinflussten.

Weit weniger war es bei der vornehmeren Kammer der XIIIer der Fall, die mit den französischen und auswärtigen Regierungen, besonders mit den benachbarten Reichsständen unmittelbar, wie vor 1681, verkehrte und so mit den Angelegenheiten der Bürgerschaft wenig zu thun hatte. Ihre Befugnis als erste, bis zu einer gewissen Summe vom Reichskammergericht unabhängige Berufungsinstanz der Stadt[1] hatte ihr die Kapitulation (Art. IV) genommen. Damit büsste sie ein gut Teil ihrer Wichtigkeit ein, und «musste sich mit der bescheidenen Rolle, die einfache Geschäftsträgerin der Stadt bei den französischen Machthabern zu sein, begnügen.»[2]

Unbeliebt waren aber auch die XIIIer, bei den Schöffen und den beiden Ratskollegien, als Bestandteil der d r e i g e h e i m e n S t u b e n, die das Finanzwesen leiteten, aber nach und nach Einfluss auf alle Vorgänge und Angelegenheiten gewonnen hatten, wogegen sich die Bürgerschaft erst auflehnte, als es zu spät war.[3] —

Die oberste Behörde der Stadt endlich stellten die «R ä t h

Stadt Strassburg und des ehemaligen Elsasses. 2. Aufl., Strassburg 1792. 4 Bände. Bd. IV. S. 196 fg.
[1] Als solche war sie von Maximilian I. 1497 bis zu einer Summe von 50 fl. eingesetzt worden (vgl. die Urkunde, St.-A., AA. 10. 6). Unter Maximilian II. (1566; AA. 14. 2) und Rudolph II. (1582; AA. 14. 20) war dies Privilegium auf 600 fl. ausgedehnt worden (= 3000 Fr.). Dahin ist die Auffassung H e r m a n n 's, a. a. O. II. S. 22. zu berichtigen Die XIIIer Kammer hiess in dieser Eigenschaft noch im XVIII. Jahrhundert «einer statt Strassburg privilegiert und gefryet Cammergericht», die XIIIer selbst «die drytzehen Keyserliche Delegierte Cammerrichter und Commissarien.» — Vgl. Ordnung etc. in «Getruckte Ordnungen und Mandata von A. D. 1711—1740; Tomus XXXIV. S. 53 fg. (1727 oder 1728.)
[2] S e i n g u e r l e t, a. a. O. S. 2.
[3] Vgl. S p a c h, Louis, Oeuvres choisies, Band III. Paris-Strasbourg 1887. S. 432. D e r s e l b e, Histoire de la Basse-Alsace et de la ville de Strasbourg, 1858. S. 278.

und XXI» dar, der Magistrat in seiner ganzen altertümlichen Grösse. Diese Versammlung der drei Kammern und des Grossen Rats hatte sich mit den kirchlichen Angelegenheiten zu befassen, sowie mit der Aufnahme in das Bürgerrecht, der Wahl der lebenslänglichen Mitglieder des Magistrats,[1] und der Rechenschaftsaufnahme über die Finanzen. Ihnen stand der regierende Stättmeister vor, der, wie seine drei mit ihm abwechselnden Kollegen, immer ein Constoffler, sein musste. Dem Namen nach war er der höchste Beamte des kleinen Freistaats. Thatsächlich galt als solcher der Ammeister, der von den 20 zünftigen Ratsherren erwählt, mit fünf anderen — bürgerlichen — Ammeistern jährlich in der Regierung abwechselte. Stets gehörte er zur XIIIer-Kammer, wo er, ebenso wie bei den Verhandlungen der drei geheimen Stuben und des Grossen Rats, den Vorsitz führte. Er war eine Art Friedensrichter,[2] und hielt täglich Audienzen ab, darunter zweimal wöchentlich in der Neuen Pfalz, dem Versammlungshaus sämmtlicher Ratskollegien, das aus dem Ende des XVI. Jahrhunderts stammend, noch heute eines der stattlichsten Gebäude des alten Strassburg ist.[3]

«Ein Ammeister», sagt Fr. Th. Ehrmann,[4] «ist das, was

---

[1] D h. der XXI., XV., XIII. — Die Ratsherren führten ihr Amt nur während zwei Jahren. — Verkäufliche Aemter gab es nicht Es fehlte daher eine der misslichsten Beschwerden des übrigen Frankreich. Das Gesetz über die Verwaltung der Städte v. J. 1764 (vgl. Tocqueville, Alexis de, L'ancien régime et la révolution. Paris 1866. 7. Aufl. S. 65 fg.) kam für Strassburg nicht in Betracht.

[2] Vgl. Krug-Basse a. a. O. S. 115.

[3] Der Name Pfalz kommt daher, dass sich der Rat ursprünglich in einem Raum des bischöflichen Palastes versammelte, dessen Name das neue Rathaus überkam. Die bisher allgemein vertretene Ueberlieferung, der Baumeister Specklin habe die Neue Pfalz gebaut, bewahrheitet sich nach O. Winckelmann, «Der Erbauer des alten strassburger Rathauses» (Ztschr. für Geschichte des Oberrheins 1893. S. 579 fg.) nicht. Vielmehr ist das Gebäude «unter dem Werkmeister Ambrosius Müller begonnen und durch dessen Nachfolger Jörg Schmitt und den Parlier Paul Maurer weiter gebaut und vollendet worden. Die Pläne zu dem Bau rühren entweder von Hans Schoch (einem badischen Baumeister) oder von Ambrosius Müller her».

[4] «Briefe eines reisenden Deutschen an seinen Bruder in H.» Leipzig und Frankfurt 1789. Nach Hamberger, das Gelehrte Teutschland, fortgesetzt von Meusel (II. 1796) S. 170, ist Ehrmann.

ein Bürgermeister in einer Reichsstadt.» Leicht war seine Stellung keineswegs. Mit den Ministern und Beamten des Königs, mit dem in sich durch Eifersüchteleien der einzelnen Kollegien gespaltenen Magistrat, mit der unzufriedenen Bürgerschaft und den bei dieser verhassten Oberherren der Zünfte, endlich mit den Parteien vor den als «widersinnig» verschrieenen Gerichten, — mit all diesen Faktoren des inneren und äusseren Lebens hatte er sich abzufinden und in einem erträglichen Verhältnis zu erhalten.

Zu diesen Schwierigkeiten aber kam der Verkehr mit einem dem Magistrat direkt vorgesetzten städtischen Beamten des Königs.

Im Jahre 1685 wurde die Stelle eines Prätors als des Stellvertreters des französischen Herrschers geschaffen. Diese Massregel hemmte die Bewegungen des Rats und seines Vorsitzenden empfindlich. Sie konnte den Magistrat mit einem Schlage zu einem schattenhaften und ohnmächtigen Körper herabdrücken. Denn der Prätor hatte das Recht, allen Verhandlungen des Magistrats im Namen des Königs beizuwohnen und darüber zu wachen, dass daselbst nichts gegen dessen Dienst unternommen werde, auch im Vereine mit den Behörden in allen Angelegenheiten zu richten und zu beschliessen. Er war stets Vorstand der Oekonomiekammer und seit 1752 Alleinherrscher daselbst, da ein Beschluss des Staatsrats die bisherigen Beisitzer aus dem Grossen Rat von allen Verhandlungen bei der Kammer über die öffentliche Verwaltung ausschloss. Wichtiger noch war es, dass ihm ausdrücklich die entscheidende Stimme übertragen worden war, und dass er das unbedingte Veto besass.[1]

Ja, eine drohende Instruktion des Königs[2] verbietet (1788) dem Magistrat geradezu «irgend ein neues Gesetz zu erlassen oder . . . aufzuheben oder zu ändern, ohne rechtzeitig den königl.

---

der in Strassburg geborene und aufgewachsene Gatte der Marianne Brentano (vgl. Allg. deutsche Biographie III. 721), der Verfasser dieser Briefe. Dieselben sind sicherlich fingiert. Der gutunterrichtete Verfasser wollte damit eine Beschreibung seiner Vaterstadt liefern. Der angeredete «Bruder Karl» (z. B. S. 426) unterzeichnet sich in der Vorrede «T. N.». —

[1] Vgl. H. Ludwig a. a. O. S. 8. — Coste a. a. O. S. 157 fg. — Hermann a. a. O. I. 93. sagt nur «voix délibérative». Ganz falsch Spach, oeuvres choisies III. S. 430.

[2] Vgl. Ludwig a. a. O. S. 210 fg.

Prätor davon in Kenntnis gesetzt zu haben, und ohne dass dieser seine Ansicht kund gegeben hatte.»

Ausserdem aber wurde das, dem vierten Artikel der Kapitulation genau entgegengesetzte, Verlangen ausgesprochen, «dass auf keinen Platz im Beständigen Regiment, noch zu irgend einem anderen wichtigen Amt jemand könne gewählt werden, ohne dass der königl. Prätor darum wisse, und seine Stimme persönlich oder schriftlich dazu gegeben habe.»

Dies musste nicht nur in mancher Hinsicht die freie Meinung und Haltung der Bürger beeinträchtigen,[1] sondern es war auch die freie Wahl des Magistrats und die Vollmacht Gesetze zu geben oder aufzuheben damit in der Theorie vernichtet. Strassburg «stand unter einer Art Diktatur», falls der Prätor ein der Stadt übelwollender war. Sein Willen konnte die Verfassung, der Kapitulation (Art. II) zum Trotz, missachten. Und thatsächlich, «seit der Verordnung vom Jahre 1685 ist es keinem königlichen Prätor beigefallen, sich mit jener angewiesenen Gewalt zu begnügen oder sie nicht in *sensu latiore* zu nehmen».[2]

Die Ernennung eines Prätors erhielt in der protestantischen Stadt aber noch eine besondere Bedeutung dadurch, dass er stets ein Katholik war.[3]

Die Begünstigung der Kotholiken ward trotz der Kapitulation (Art. III) in Strassburg bald sehr fühlbar, und mit allerhand, die materielle Seite des Lebens berührenden Mitteln, wie z. B. die Ausschliessung der Protestanten vom Staatsdienst,[4] wusste man ihnen das Dasein zu verleiden, und sie zum Uebertritt zur Staatskirche zu verlocken. Die Begünstigung der Katholiken im französischen Zeitraum bis auf Ludwig XVI. ist nicht zu verkennen. Mit dem Fortschreiten der Aufklärung allerdings schwanden die schroffen Gegensätze unter den fried-

---

[1] Vgl. auch Reuss. l'Als. S. 11, in der Anmerkung.
[2] Ehrmann, a. a. O. S. 312.
[3] Vgl. Reuss, Louis XIV. etc. S. 41: «Par l'installation de ce nouveau mandataire royal au sein du magistrat de Strasbourg, l'influence catholique avait fait un pas considérable en avant».
[4] Vgl. das Nähere bei Reuss, Louis XIV. etc., u. bei Coste a. a. O. S. 34 fg. u. 169 fg. Klagen des Magistrats über Konvertierungen protestantischer Kinder im Stadtarchiv, AA. 2575 u. 2186.

lich nebeneinanderwohnenden Bürgern in hohem Grade.[1] Aber das System Ludwig's XIV. war im Elsass nicht ohne täglich fühlbare Folgen geblieben. Während noch 1788 die kleine reformierte Gemeinde von Strassburg nur mühsam die Erlaubnis erhielt, ihren Gottesdienst in der Stadt selbst — in einem Hause ohne äussere kirchliche Abzeichen, — zu halten, waren unter Ludwig XIV. mehrere protestantische Kirchen gewaltsam oder durch Hochdruck den Katholiken zurückgegeben, und die Orden wieder in der Stadt ansässig geworden. An die Seite der protestantisch-deutschen Universität wurde 1702[2] die in Molsheim gegründete katholisch-französische nach Strassburg verpflanzt. Und auch der Magistrat blieb von der Umgestaltung, die sich in der Stadt vollzog, nicht unberührt. Nicht nur wurde das bischöfliche Schloss seiner Gerichtsbarkeit genommen und die katholischen, d. h. zumeist die neu einwandernden Bürger dem bestehenden Ehegericht entzogen; es ward auch 1687 eine Ordonnance erlassen, wonach fortan im Magistrat und in den Zünften bei der Aemterbesetzung eine «nach dem Verhältnis der beiden Religionen in der Stadt» zu bemessende Alternative zu beobachten war, was dann zu der Gewohnheit führte, einfach zwischen Katholiken und Protestanten abzuwechseln, ohne mehr jenes Verhältnis, zu beachten, wonach die Protestanten noch beträchtlich im Uebergewicht gewesen wären.[3] Und dabei stand der katholische Prätor an der Spitze.

[1] Vgl. Ludwig a. a. O. Anm. 198. (S. 267.) Strobel V. S. 263 fg. Schriften des Vereins für Reformationsgeschichte Nr. 43/44. 1893. «Die Kirche der Wüste von 1715—1789» von Th. Schott. S. 176 fg.
[2] Vgl. Ordonnances d'Alsace, t. I. S. 331: «au mois de février, 1702». — Seinguerlet a. a. O. S. 284 irrig: 1701.
[3] 1789 waren von 6858 Zunftmitgliedern neben 4861 protestantischen erst 1997 katholische eingetragen (Krug-Basse a. a. O. S. 68.) Unter den nicht ratsfähigen Bewohnern, den Schirmern und Privilegierten muss aber das katholische Element, begreiflicherweise, vorgeherrscht und so den Gesamtprozentsatz der Einwohner zu gunsten des römischen Bekenntnisses gewandt haben. Wenigstens scheint folgende in den Akten der «Intendance» auf dem Bezirksarchiv (Serie C. 394) befindliche Tabelle (Etat de la population de Strasbourg pour l'année 1786) dies zu bestätigen:

Geburten.	Todesfälle.
Kath. 924	896
Augsb. 668	657
Ref. 10	21

So ward nicht nur die verheissene Freiheit der Wahlen, sondern auch die der Religion geschmälert. Damit aber trat das innere Leben der Stadt in einen weiteren Abschnitt. Mit dem religiösen Gegensatz ging ein politischer Hand in Hand, der geeignet und auch wirksam war, die aufgeklärten Ansichten über die Verschiedenheit der Bekenntnisse an sich, wieder zu trüben. Abgesehen von dem in der Stadt lebenden und im Magistrat sitzenden Adel, der sich französisch trug und nach französischem Muster lebte, auch französisch sprach, waren unter den alteingesessenen Bürgern, im Gegensatz zu den eingewanderten Franzosen, die alten Sitten und Bräuche, die alte Tracht und Sprache, den Verordnungen des Intendanten zum Trotz, fast durchweg festgehalten worden, vor allem auch in den Kreisen der Handwerker, deren Gesellen zumeist aus Deutschland herüber kamen, und im Verein mit den zwei «deutschen» Regimentern Hessen und Elsass einen starken Untergrund deutschen Wesens bildeten, während andererseits die blühende protestantische Universität ein Gipfelpunkt deutschen Geisteslebens war, dessen Wirksamkeit die Nebenbuhlerin weit überragte.[1]

Reuss, Louis XIV. etc. äussert sich S. 256 über die Alternative folgendermassen: «... bien qu'on n'ait qu'à lire l'article III et IV par exemple, pour constater le manque flagrant de parole de Louis XIV». Dieses Urteil fällt um so mehr ins Gewicht, als Reuss, wie er selbst S. 11 hervorhebt. als Historiker sich verpflichtet hielt, ernste Rücksicht zu nehmen auf «toutes les circonstances atténuantes qu'on peut plaider en faveur du monarque».
[1] Vgl. über diese Verhältnisse besonders: Young, A., Reisen 1781—1790. Aus dem Englischen. I. Berlin 1793. S. 263 fg. — Ehrmann a. a. O. — Volkmann, J. J., Neueste Reise durch Frankreich. Leipzig 1783. III. Band, S. 128 fg. Grimm, J. F. K. Bemerkungen eines Reisenden u. s. w. Altenburg 1775. I. Teil. — Storch, Skizzen u. s. w. auf einer Reise durch Frankreich; Heidelberg 1790. S. 12 fg. (Besonders zu bemerken die Schilderung S. 14). — Grimm hängt von Billing, Gesch. u. Beschr. des Elsasses u. seiner Bewohner, Basel 1782, dieser von Büschings Geographie ab. Von Grimm hat Volkmann, von diesem Storch manches entnommen. Doch haben sie auch selbständige Nachrichten. — Vgl. ferner Schrifttasche auf einer Reise durch Teutschland, Frankreich u. s. w., Frankfurt u. Leipzig 1780 (von Fr. Rud. Saltzmann); z. Tl. übersetzt in Stoeber, Curiosités de voyages en Alsace, Colmar 1874, u. in der Revue d'Alsace. T. II. sér. 2. 1836. S. 842 fg. — Goethe, Wahrheit u. Dichtung. — Elsässer Schatzkästel, S. 320. — Strobel, A. G., Histoire du gymnase protestant de Strasbourg. 1838, S. 66 fg. — Schmdit, E., Die Sprache des Elsass im

Dazu kam, dass die eingesessenen Bürger Protestanten, die neu aufgenommenen aber Katholiken waren. So wurde katholisch zuletzt geradezu gleichbedeutend mit französisch, protestantisch mit deutsch, oder besser gesagt, altreichsstädtisch. Auch für die Vorgänge des Jahres 1789 ist dies nicht ausser Acht zu lassen. Strassburg, das den französischen Bestrebungen durch die Haltung seines Magistrats nach aussen geschlossen gegenüberstand,[1] war im Innern selbst zwiegespalten. Eben in dem hier zu betrachtenden Zeitabschnitt begann so eine schärfere Sonderung unter den deutschen und den französischen Bürgern.

---

vorigen Jahrhundert. Im Neuen Reich 1874. Nr. 27. S. 1011 fg. — Reuss, Rod., Histoire du gymnase protestant de Strasbourg pendant la révolution (1789—1804). Paris 1891. — Hermann a. a. O. II. — Ludwig a. a. O. — Schricker, A., z. Gesch. der Universität Strassburg. Str. 1872. — Friese a. a. O. I. 127. 133. — Aufschlager, J. F., Neue histor.-topogr. Beschreibung der beiden Rheindepartements I. Strassburg 1825. S. 250. — Strobel (Engelhardt) V. 252 fg. u. v. a. — — Die deutsche Sprache überwog durchaus. Dies ist schon daraus zu erklären, dass der Magistrat auch die Volksschulen unter seiner Aufsicht behielt, und so das Französische wenig Fortschritte machen konnte. — Das Französisch der Strassburger war aber keineswegs glänzend. Eine Probe mag hier Platz finden (aus dem St.-A. AA. 2001): «Extrait du Livre des Reglemens et articles de la tribu des Vignierons concernans les Meitres perruquier de cette Ville de Strasbourg en datte du 1er septembre 1770, article 2siem (2me). — Le nombre des maitres perruquier seras Reduit et fixce a lavenire a soixcante et pour paruenire a çette fin, on ne Receura poin de nouueau maitre a moins que trois Boutiques ne soit devenus vacante et a jusqua ce quil seront Redhuit fixces Ny seront cependant point conprit les fils de maitre etc.... Traduit de lalement» (l'allemand)! Das Französisch des Adels war im Verhältnis nicht besser. Vgl. den Brief des Barons von Oberkirch, St.-A. AA. 2526. — Die in Sprache und Tracht französisierenden Elsässer hatten denn auch für den Spott ihrer französischen Brüder nicht zu sorgen. Vgl. u. a. das bei Ludwig a. a. O. S. 323 abgedruckte Gedicht und Goethe's Aeusserungen über das Verhalten der Franzosen in Strassburg. — Es berührt sehr seltsam, wenn man angesichts dieser Litteratur und der bekannten Thatsachen noch heute in einer französischen wissenschaftlichen Zeitschrift (Revue historique. Bd. 56. 1894. Miscellanea alsatica S. 217) liest, nur als Franzosen hätten die Elsässer ihre «Ursprünglichkeit» bewahren können!

[1] Vgl. Reuss, l'Als. S. 18. (Arrêté du Magistrat vom 10. März 1789), Artikel VIII: «Nous espérons ... que ... les mouvements de la confiance personnelle ne leur feront pas perdre entièrement de vue les principes de l'alternative» etc. — Auch in Frankreich half die Duldung von Oben Anfechtungen der Protestanten nicht ab. Vgl. Schr. d. Vereins f. Ref. Gesch. a. a. O. S. 198.

Wenn trotzdem bis dahin in Strassburg keine Neigung zu verspüren war, sich enger an die französische Nation anzuschliessen, so rührt es wohl daher, dass im Magistrat die Altreichsstädter, die angefeindete Familienoligarchie, ihre Sitze durch die Unterstützung der Zunftgenossen behaupteten. Daher die ablehnende Haltung gegen jede Neuerung und gegen den Gebrauch der vorgeschriebenen französischen Amtssprache, trotz der Versicherung (1781), dass «die Strassburger nicht nur als wirkliche, sondern auch als uralte Franzosen erkannt werden» sollten. Nur mit dem Prätor und andern Beamten des Königs verkehrte der Rat in französischer Sprache; und nur hier, oder wenn der Name Strassburgs in einem Atemzug mit Frankreich genannt werden musste, erinnerte man sich, dass man Franzose war. Sonst war die von Frankreich trennende Kapitulation das Palladium, worauf man sich bei jeder Gelegenheit, schliesslich schon ganz formelhaft, berief. Man wollte wenigstens behalten, was noch übrig war.

Um dies nach Kräften zu ermöglichen, ergriff man ein wirksames Mittel. Man begann Geldauflagen, wovon die Stadt nach der Kapitulation (Art. VI) befreit war, in die Staatskasse freiwillig zu bezahlen. Allerdings, aus diesem Entgegenkommen machte der Empfänger alsbald eine Pflicht, die Gewohnheit ward zu einem stehenden Gebrauch, das *don gratuit* zu einer Last.

Dafür, dass die Stadt 1689 ihrer noch ausstehenden Verpflichtungen gegen die mit Ludwig XIV. Krieg führenden Reichsstände ledig erklärt wurde, versprach sie dem König jährlich 90000 Livres auszubezahlen. Dann aber behauptete die Regierung, die Verfügung des angeführten Artikels (VI der Kapitulation) betreffe nur die alten Auflagen des Königreichs, nicht die neu eingeführten,[1] und königliche Ordonnancen unterwarfen unbedenklich die Stadt den seit 1733 in Frankreich umgelegten ausserordentlichen Steuern.[2]

---

[1] **Hermann**, a. a. O. S. 202.
[2] Vgl. Ordonnances, II. — Diejenige vom 2. Juni 1734 nimmt Strassburg mit seinen Amteien (Barr, Dorlisheim-Illkirch, Wasslenheim, Marlenheim) noch von der Steuer aus (S. 111). Das Arrêt vom 17. April 1736 aber (S. 143) unterwirft die Amteien der Abgabe. Später z. B. im August 1758 (S. 515) heisst es: «Nous . . . disons, statuons et ordonnons, voulons et nous plait . . . que . . . il

So bezahlte denn die Bürgerschaft — 6000 Bürger und 3000 Schirmer — im Jahre 1789 über 250000 Livres jährlich, d. h. ¹/₈ von der Steuersumme des ganzen Elsass, während die Stadtbevölkerung (50 000) etwa ¹/₁₂ bis ¹/₁₃ der Gesamtbevölkerung der Provinz betrug.¹

Im ganzen entrichtete die Stadt bis 1789 etwa 54 Millionen, — eine eigentümliche Wahrung der Abgabenfreiheit. Unmöglich konnten derartige, nach heutigem Münzwert zu verdoppelnde Summen ohne Anhäufung von Schulden aufgebracht werden; und nachdem das Jahr 1789, durch die Stockung des Handels, die Teuerung u. a., eine Verringerung der städtischen Einnahmen um 300 000 Livres ergeben hatte, betrug die Schuldenlast nach einer geflissentlich milden amtlichen Berechnung² über 3¹/₂ Millionen. Dieser Zustand war die Kehrseite der Medaille, die 1781 zur Jubelfeier der «glücklichen Vereinigung» mit Frankreich geprägt worden war. Und kein Ende war abzusehen. Die Erschöpfung der Staatskassen lag klar zu Tage, aber gerne nahm man in Paris ein Uebriges an. So wurde auch die starke Garnison von der Stadt unterhalten, «um zu den Kosten eines thätigeren Schutzes beizutragen»,³ was schliesslich fast 100 000 Livres jährlich ausmachte. Dazu kamen Lieferungen von Brennholz an die Truppen und die Offiziere, welch' letztere ausserdem die innere Einrichtung selbst ihrer eleganten Wohnräume von der Stadt erhielten, und überdies, falls sie in den Kasernen kein Unterkommen fanden, einen Wohnungszuschuss aus der «Losamentscassa» bezogen, wozu von jedem Bürger nach Massgabe seiner verfügbaren Zimmer beigesteuert wurde.⁴

Der Bau von Kasernen war den Strassburgern von Lud-

---

nous soit annuellement payé à titre de don gratuit extraordinaire par les Villes . . . savoir, Strasbourg, Faubourgs et dépendances la somme de 100000 livres . . . », — die übrigen elsässischen Städte zusammen: 62 360 Livres.
¹ Vgl. Türckheim a. a. O. S. 48. — Die Last des Zwanzigsten, diesmal bis 1792 zu entrichten, war in der Provinz allmählich um 1/68, in Strassburg aber um 1/5 gestiegen (St. A. AA 2349).
² Finanzzustand der Stadt Strassburg am Ende des Jahres 1789. — Abgedruckt in Reuss, l'Als. S. 316 fg.
³ Vgl. Türckheim a. a. O. S. 70.
⁴ 1789 wurde dieser Beitrag in Naturalleistungen verwandelt, da man die Geldzahlung als zu drückend empfand.

wig XIV. «erlaubt» worden. Da aber selbstverständlich das
Unterbringen von 6000 Mann (Friedensstärke) in den Bürgerhäusern höchst unbequem sein musste, und da ferner der ehrbare Strassburger von seinem Hause besonders die Offiziere fern
hielt, der Staat aber nicht abhalf, so baute Strassburg selbst wohl
oder übel im Lauf der Jahre acht Kasernen für fast 3200000
Livres. Solche Unkosten mutete man einer Stadt zu, die aus
Geldnot ihre angeworbenen Truppen vor der Uebergabe hatte
verabschieden müssen!

Die bedenkliche Finanzlage konnte unter diesen Umständen
durch die Belassung der Zollgrenze auf den Vogesen, und die
damit verbundenen Vorteile für den Handel, nicht ausgeglichen
werden. Zwar war die Lage der Stadt als der «Thüre, die
ins Königreich führt», die denkbar günstigste, und wenn auch
«der Speditionshandel, insonderheit seit der schönen badischen
Chaussée nach Basel» sich nicht wieder ganz nach Strassburg
herüber ziehen liess, so konnte der Flusshandel immerhin noch
als blühend bezeichnet werden: die Rheinschiffahrt, woran die
Stadt nach alten Rechten besondere Vorteile bewahrt hatte, ernährte die weitberühmten Schiffsleute, deren Zunft «zum Anker»
amtlich den Ehrenplatz als erste in der ganze Reihe inne hatte,
noch in weitem Umfang; denn ihnen allein stand von allen
Uferbewohnern von Basel bis Mainz die Thalfahrt zu,[1] was in
Verbindung mit dem ausschliesslichen Besitz der Rheinbrücke
einer Alleinherrschaft auf dem Strome gleichkam.

Auch war am Ende des XVIII. Jahrhunderts durch das
Wachsen der Industrie und die Steigerung der Luxusbedürfnisse vor allem der französischen vornehmen Einwohner, der
auswärtige Handel noch keineswegs gelähmt.[2]

---

[1] Die badische Regierung griff diese Vorteile heftig an. Vgl.
Ludwig a. a. O. S. 238. — Erdmannsdörffer und Obser,
Korrespondenz Karl Friedrichs von Baden I. 1888. S. 241 fg. —
Obser, Badische Politik in den Jahren 1782—1792 (Ztschr. f. Geschichte und Politik, hg. von Zwiedenick-Südenhorst, 1888, Band V.
S. 818 und 901 fg. — Infolge der Bemühungen der Badener, wonach von den Waaren, die stromaufwärts fahrend ausgeladen wurden, die gleichen Abgaben erhoben werden durften. wie wenn sie in
Strassburg ausgeschifft worden wären (Erlass vom 9. November 1773.
Erwähnt in der Enumération descriptive des privilèges etc. de la ville
de Strasbourg. St.-A. AA 2528). Vgl. auch Hermann a. a. O. II. S. 132.

[2] Vgl. Storch. a. a. O. S. 12. — Ehrmann a. a. O. S. 121.

Aber Vieles war doch vom alten glänzenden Bestand des Handels und Wohlstandes verloren gegangen. Nur langsam konnte sich die Stadt von den Nachwehen des 30jährigen und der späteren Kriege erholen,[1] und dazu kamen direkte Schädigungen durch den Magistrat und die französische Regierung. Ersterer verschuldete in hartnäckigem Festhalten an den hergebrachten Zollsätzen trotz der allmählich verschobenen Verhältnisse, eine Abnahme des auswärtigen Verkehrs, dessen wichtigster Zweig der, in der erwähnten Weise beeinträchtigte, Waarenverkehr nach der Schweiz bildete. Nächst diesem kam der Tabak in Betracht, dessen Anbau dem Elsass eine ergiebige Quelle des Wohlstands war.[2] Hier aber griff die Regierung schädigend ein, indem sie zur Hebung des Kolonialhandels 1749 einen hohen Eingangszoll auf fremden Tabak legte, wozu, bezeichnender Weise, auch der elsässische gerechnet ward. Erst nach 25jährigen Bemühungen von seiten des Magistrats wurde diese verderbliche Bestimmung wieder aufgehoben.[3]

Auch die Ferme, der nach der Natur ihres Erwerbs daran lag[4] möglichst alles Einschlägige in ihr Machtbereich zu ziehen, griff die Ausübung des guten, durch Artikel V der Kapitulation verbürgten Rechtes der Stadt öfters heftig an, wobei Strassburg vom Minister, dem wohl solch eine Streitfrage schliesslich vorgelegt ward, keineswegs geschützt zu werden pflegte.

In ähnlicher Weise wurde das Misstrauen des Magistrats gegen die Regierung in juristischer Beziehung wachgehalten. Der Hohe Rat in Colmar machte als höchste Berufungsinstanz (o. S. 6.) dem Magistrat das Leben sauer, da er dessen Befugnis unaufhörlich zu beeinträchtigen suchte, was die hartnäckigsten Reibungen hervorrief.[5]

Ueberhaupt brachte die Einschränkung seiner richterlichen

Ludwig a. a. O. S. 226. Anm. 65. — Dagegen Lehr a. a. O. S. 59.
[1] Vgl. Lehr. E. Mélanges de Littérature et d'Histoire Alsatique. Strasbourg 1870. S. 40.
[2] Vgl. u. S. 130, Anm. 1.
[3] Vgl. Lehr a. a. O. S. 43. — Recueil des Titres concernant les droits et privilèges de la ville de Strasbourg relativement à son commerce. A :Strasbourg 1783. (9. Juli 1754). — Schrifttasche u. s. w. S. 131, fg.
[4] Der Ueberschuss der Einnahmen kam den Pächtern zu gut.
[5] Vgl. Ludwig a. a. O. S. 10.

Befugnisse «dem Verfassungsleben der Stadt die tötlichste Wunde». Die schnelle Rechtssprechung in Colmar veranlasste immer zahlreichere Umgehungen der städtischen Behörden. Mit aller Kraft suchte sich der Magistrat gegen eine thatsächliche Unterwerfung zu wehren. So wurden z. B. die sämtlichen offenen Briefe über die Schlüsse der Nationalversammlung im Spätjahr 1789 von Colmar aus unentwegt mit der Aufforderung an den Magistrat geschickt, sie zu veröffentlichen und einzutragen, und mit derselben Hartnäckigkeit wurde der Empfang bestätigt, mit dem Bemerken, der betreffende Erlass sei dem Magistrat bereits vom Minister selbst zugesandt worden.[1] —

So war denn, genau betrachtet, die Kapitulation im Lauf des Jahrhunderts gerade in den wesentlichsten Punkten missachtet worden, und bei dem offenbaren Aerger der Minister über die komplizierte Verwaltungsmaschine der Grenzstadt kann es wunder nehmen, dass noch im Jahre 1781 ein Mann zum Prätor ernannt wurde, der die Privilegien und Rechte der Stadt zu schützen sich ausdrücklich bereit erklärte: Alexander Conrad de Gerard, ein sehr angesehener und vielfach ausgezeichneter Diplomat.[2]

Er hatte zwar durch den erwähnten Streit über die Einführung neuer Fleischwaagen an Ansehen bei der Burgerschaft verloren, aber seine überall eingreifende, umsichtige und wohlwollende Thätigkeit, wovon man bei der Durchsicht seiner hinterlassenen Schriftstücke auf dem Stadt-Archiv den erfreulichsten Eindruck erhält, fehlte dem Magistrat sehr, als er in den wichtigen Verhandlungen, womit auch für Strassburg das Jahr 1789 begann, infolge einer Krankheit, die ihn 1790 hinraffte, in Frankreich abwesend war.[3] Daher konnte sich

---

[1] Diese Art der Mitteilung war 1774 durch einen Staatsratsbeschluss eingeführt worden. Ausserdem hatte der Hohe Rat über die Streitigkeiten in bez. auf die Patrimonialgüter der Stadt n i c h t zu entscheiden. Diese wurden seit 1740 an den Staatsrat evoziert. Vgl. Artikel XXI des ersten Teils des Beschwerdehefts. bei R e u s s S 35.

[2] Vgl. über seinen Lebensgang (wie auch über den der e nzelnen Stättmeister und Ammeister) M u l l e r a. a. O. S. 58, und das ausführlichere Ernennungsdekret, St.-A. AA 2526. Ferner R a t h g e b e r in der «Strassburger Post» vom 30. Juni 1889.

[3] Eine Darstellung in «G r ä u e l der Verwüstung oder Blicke in die französische Revolution», von S...., Deutschland 1793, be-

der Magistrat nur brieflich mit ihm verständigen und sich an
ihn wenden, was anfangs auch eindringlichst geschah, da man
annehmen konnte, er werde alles in Bewegung setzen, vermöge
seines Einflusses bei den massgebenden Stellen die Kapitulation
zu erhalten. Denn in dem Brief, den er bei seiner Ernennung
an den Magistrat schrieb, heisst es:[1]

«Die vielfachen Angriffe, die man täglich gegen die Verfassung der Stadt Strassburg zu richten sucht, scheinen die
ernsthafteste Aufmerksamkeit von seiten derjenigen zu verdienen, in deren Händen Verwaltung und Obmacht liegen. Oft
kommt es vor, dass Unkenntnis Ihrer Formen und Rechte die
einzige Ursache der Irrtümer ist, die sie verletzen, aber es
giebt auch andere, vorbedachte und systematische Angriffe,
sei es von neuerungssüchtigen Geistern, die von Unruhe und Einbildung daran gehindert werden, das Gute in alle dem zu sehen,
was seit Jahrhunderten besteht, sei es von Leuten, die sich ihren
Vorurteilen, ihrer Gewöhnung und vielleicht einer gewissen
Lässigkeit hingeben, indem sie dem Staat eine Einheitlichkeit
wünschen, die zum guten Zusammenleben seiner einzelnen
Teile nicht erforderlich ist. Die grössten Gefahren ergeben
sich aus den Anstrengungen solcher Leute, deren eigene
Interessen sie zu Massregeln verleiten, und solcher, die
ihren Vorteil im Umsturz jener Rechte und Freiheiten finden
würden; endlich solcher, die glauben, die Bürgschaft des

---

hauptet (S. 29 fg.), Gerard sei durch seinen Sekretär völlig beherrscht
gewesen, und dieser habe die Stellen im Magistrat nach seinem
Willen besetzt. Das stimmt schlecht zu dem Ansehen, das Gerard in
hohen diplomatischen Sendungen zuvor erworben hatte. Seine Krankheit, heisst es weiter, sei nur eine Folge der Angriffe gewesen, denen
er durch den Waagenstreit ausgesetzt war. Der Ausgang der Krankheit, die Gerard in Bourbonnes-les-Bains zu heilen suchte, zeigt jedenfalls, dass sie kein vorgeschützter Grund war. Er hätte dann
doch wohl auch früher für einen Stellvertreter sorgen müssen als es
geschah. — Bei der Spaltung, die während des Streites, mit den
Metzgern im Magistrat selbst herrschte, dürfte die Rache «einiger»
Ratsmitglieder (S. 30) kaum so tief gewirkt haben, um Gerard zu
vertreiben. — Spach (Frédéric de Dietrich, premier Maire de Strasbourg; Revue d'Alsace 1856. S. 500 fg.) folgt dieser Schilderung.
— Vgl. aber über den Wert der «Gräuel» u. s. w. Strobel V.
S 326. Anm. 5. Dennoch giebt Engelhardt die Schilderung der
«Gräuel» S 297 wieder.
[1] Dat.: 4. juin 1781. St.-A. AA 2135.

Staates und die Versprechen des Königs könnten ein Ende haben, und dass der hundertjährige Genuss ihrer Vorrechte die Stadt Strassburg für ihre Unterwerfung unter die Krone genugsam entschädigt hat.»

Solch eine Erklärung war nach dem Sinne des Magistrats. Denn welchen Wert er der Kapitulation trotz ihrer Verstümmelung beilegte, das zeigt der Kampf, den die Bürgerschaft mit ihm vereint gegen die von Frankreich drohenden Aenderungen führte, gegen die Nation selbst, der man dem Worte nach nichts als Ergebenheit und Opfer darzubringen bereit war. Dies Verhalten ist höchst bezeichnend für die Gesinnung, welche die ehemalige Reichsstadt beseelte.

Einer «altehrwürdigen Matrone, die einen neumodischen pariser Kopfputz hat, einer Mixtur, deren Bodensatz alte deutsche Reichsbügersitte ist», wird sie von einem der zeitgenössischen Reisenden verglichen.[1]

Eine alte Reichsstadt, wo es noch vor zwei Jahrzehnten Meistersänger gegeben, wo noch bei mehr als 40 Gewerken die Meisterstückschau festlich begangen wurde, wo noch das Judenhorn auf dem Münster das Schliessen der Thore allabendlich gebot, und die nur eine Familie jenes Volksstammes, und dies gezwungenermassen, beherbergte, — eine solche Stadt war Strassburg äusserlich nicht nur, sondern auch im Innersten geblieben, obgleich die «beiden Wasserläufe in ein Bett eingezwängt, begonnen hatten, sich zu vermischen.»

Einen anderen Geist und auch andere Verhältnisse brachte das Jahr 1789 von der Seine herüber an den Rhein.

---

[1] Vgl. Briefe eines Reisenden durchs Elsass, im Deutschen Museum, 1781. Leipzig, I. Band, S. 422.

I.

Vorgänge und Stimmungen in Strassburg bis zur Deputiertenwahl.

Ueber die sozialen Verhältnisse im Elsass vor der Revolution ist noch keine eingehendere Arbeit vorhanden, die zeigte, in wie weit die Lage vor allem der Landbevölkerung des alten deutschen Gebietes von der ihrer französischen Nachbarn verschieden war. Immerhin ist anzunehmen, dass die Verhältnisse der Provinz denen der anderen Teile des damaligen Frankreich nicht ohne weiteres an die Seite gestellt werden dürfen. Das Elsass war bei weitem nicht so streng im Griff der Zentralisation der französischen Regierung; der Intendant hatte hier eine weniger eindringende Macht als seine anderen Amtsgenossen. Das Land zerfiel noch in jenes Gewirr kleiner Herrschaftsgebiete, die nach dem dreissigjährigen Kriege in ihrer Gesamtheit an Frankreich angegliedert und im Besitz der meisten landesherrlichen und Patrimonialrechte, vor allem begrenzter Steuergerechtigkeit und der vollen, durch den Hohen Rat in Colmar allerdings beschränkten Gerichtsbarkeit, belassen worden waren.[1]

So blieben die alten Verhältnisse und die engen Beziehungen zwischen Hoch und Gering, zwischen Adel und Bauernschaft,

---

[1] Vgl. die Schrift Türckheim's. — Stupfel, Considérations sur les droits particuliers et le véritable intérêt de la Province d'Alsace etc. Strasbourg 1789. — Krug-Basse a. a. O. S. 281 fg.

Magistrat und Bürgern bestehen. Einen nichtresidierenden Adel gab es hier in gewissen Gebieten zwar auch, wie in den württembergischen, zweibrückischen und ehemals österreichischen Gebieten des Sundgaus; im allgemeinen aber nur in so fern, als fast alle Familien der Ritterschaft, die besonders im Unterelsass bunt durcheinandergewürfelt ihre Gebiete besass, ein «Hôtel» in Strassburg hatten,[1] wo sie einen Teil des Jahres zubrachten, was aber in Beziehung auf ihre Güter und Vasallen bei der geringen Ausdehnung der Provinz kaum als eine Entfernung in Betracht kommt. Am Hof zu Versailles zu glänzen, dazu fehlten ihnen zumeist die Mittel. Viele Adelige des Elsass dienten zwar im Heere oder nahmen eine Stelle an einem deutschen Hofe ein; doch waren dies meist die jüngeren Söhne, und der älteste nur bevor er das Erbe antrat, oder solange er nicht in einen Stadtmagistrat gewählt worden war.

Was Tocqueville[2] von den deutschen Gebieten längs des Rheins sagt, gilt auch vom Elsass.

Im Grossen und Ganzen hatte die Vereinigung mit Frankreich die Struktur der einzelnen Herrschaften doch in mancher Hinsicht gar nicht oder wenigstens nicht grundsätzlich verändert. Der Adelige des Elsass war, im Gegensatz zu dem des alten Frankreich, nicht «nur ein vornehmerer Einwohner» der Gemeinde.[3] Er kümmerte sich noch um die Verwaltung, wodurch seinen Untergebenen die Lehensherrschaft weniger drückend erschien. Dabei waren auch die wirtschaftlichen Verhältnisse anders als in grossen Teilen von Frankreich. Nachteiliges Besitzrecht gab es nicht, dagegen viele wohlhabende Grundbesitzer.[4]

Der Bauer «lebte ungestört seiner Arbeit ... und bekümmerte sich nicht um die Sachen der Politik.» Weinbau und Tabakpflanzung brachten ihm beträchtlichen Verdienst. Und wie die Landwirtschaft, so ernährte auch das Gewerbe

---

[1] Vgl. die Genealogieen der Adelsgeschlechter bei Muller a. a. O. — Pfalz-Zweibrücken und Hanau-Lichtenberg, bzw. Hessen-Darmstadt verwalteten die elsässischen Gebiete durch Mitglieder der betr. Familie. S. u. S. 75, Anm. 1.
[2] Vgl. Tocqueville, a. a. O S. 37 fg.
[3] Vgl. daselbst S. 40. 44. 45.
[4] Vgl. Strobel. V. S. 265 fg. und das Urteil Youngs, bei Sybel, Gesch. des Revolutionszeitalters, I. Bd. S. 20.

seinen Herrn. Zwar drückten die immer mehr gesteigerten
Abgaben das Land. Doch hatten seine Bewohner in dieser
Beziehung viel weniger zu klagen, als die des alten Frankreich.
Fehlten doch die drückenden fünf Grossen Fermen in dieser
«fremden» Provinz.[1]
Wenn sich daher auch im Elsass in der Folge revolutionäre
Bewegungen z. Tl. mit grosser Heftigkeit geltend machten, so
wird man sie nicht sowohl mit den Stimmungen im Innern
Frankreichs als mit denen im westlichen Deutschland zu vergleichen haben.[2]
Es war, wie Wenck sagt, mehr die «sinnliche Ansteckungskraft», die das Elsass in Aufruhr brachte, und «kam
in einer Neigung zu Unruhe und Gewaltsamkeiten überhaupt
zur Erscheinung, mochte nun, was dabei Bewegung oder Losung
hergab, oder damit durchgesetzt werden sollte, den Ideen der
französischen Revolution verwandt oder nicht verwandt . . .
sein.»

Vorbereitet war der Ausbruch allerdings durch einen anderen Umstand, dem auch für das übrige Frankreich bekanntlich grosse Wichtigkeit beigemessen wird :[3] durch den Anstoss
zur Klage und Beschwerde, den die Provinzialversammlungen
mit der unklugen Offenheit gaben, womit sie die Schäden des
bestehenden Zustandes um so furchtbarer machten ; und durch
das Vorgehen der neuernannten Beamten, die sich über die
der adeligen Herren erhoben, und gegen deren Vorrechte zu
schüren begannen. Dazu kam dann noch der geringe Ernteertrag des verflossenen Jahres und der seit acht Jahrzehnten in
solcher Strenge im Elsass nicht mehr erlebte Winter, der sieben
Wochen hindurch furchtbar herrschte und viel Unheil verursachte.[4]

---

[1] Dies wird bei einer noch so pessimistischen Auffassung der
Zustände im Elsass (vgl. Treitschke, Deutsche Geschichte I.
S. 120) stets hervorzuheben sein.
[2] Vgl. Wenck, W., Deutschland vor hundert Jahren. I. Band.
Leipzig 1887. — Anm. 198. S. 253. — Das folgende Zitat s. I. Bd.
S. 207.
[3] Vgl. Tocqueville a. a. O. S. 270. 272 fg. Cherest
Aimé, La chute de l'ancien régime (1787—1789). Paris 1884. T. 1er
S. 399, 414 fg. (besonders 420). T. 2d. S. 289 fg. — Für das Elsass
im besonderen : Stupfel a. a. O.
[4] Vgl. u. a. Strassburgische Privilegierte Zeitung

So sah man schon zu Anfang 1789 auch in Strassburg der Zukunft mit Besorgnis entgegen. Der augenblicklichen Not hatte der Magistrat durch Holz- und Fruchtverteilung und das Verbot, feinere Brotsorten zu backen, abzuhelfen versucht. Denn es kostete ein vierpfündiger Laib, dessen Preis im September 9 Sols gewesen, in der ersten Hälfte des Februars noch 15 Sols, d. h. nach heutigem Wert etwa 1,30 Mk. Daher ging es begreiflicherweise nicht ohne unwilliges Murren ab. Man vergass gern die gute Absicht, die den Verordnungen der XVer zu Grunde lag, und fand um so mehr Stoff zu neuen Anfeindungen darin. Die Wirte und Bäcker beklagten sich über das Wein-Umgeld,[1] die Metzger über die längst verhasste Accise. Doch kam es nicht zu Ausschreitungen, und noch Ende Februar konnte man die Ruhe der Bürger und die Klugheit rühmen, womit sie die Erleichterungen versprechende Entscheidung aus Paris hatten an sich herankommen lassen. Das fand seine Erklärung darin, dass eben der gewöhnliche strassburger Bürger der sozialen Bewegung jenseits der Vogesen wenig Verständnis und thätiges Interesse entgegenbrachte, ferner darin, dass die Stadt an den Provinzialversammlungen nicht beteiligt war, und endlich darin, dass die Einwohner sich auch um die zu berufenden Reichsstände und die Vertretung der Stadt daselbst vorläufig nicht kümmerten.

Anders der Magistrat. Von dem Arrêt des Königs, vom 5. Juli 1788 an, wodurch die Berufung der Generalstände verordnet wurde, war die künftige Stellung Strassburgs zweifelhaft und schwierig gewesen. Da sich die neue Ständeversammlung möglichst nach dem Muster der alten, seit 1614 nicht mehr

---

1789. 3.—25. Stück. Friese, a. a. O. IV. S. 169 fg. — Taine, H., Les origines de la France contemporaine. La révolution, I. Paris 1878 S. 4.

[1] Die zu jener Zeit in Strassburg und heute noch z. B. in Württemberg allgemein giltige Form dieses Wortes. Sie dürfte aus Analogie zu dem, einen Teil des alten ungelt bildenden, Ohmgeld der Bäcker und Wirte entstanden sein. — Die eigentliche Bedeutung des Wortes aber zeigt die lateinische Uebersetzung desselben: indebitum. Vgl. Mone's Ztschr. f. Gesch. des Oberrheins, VI. Bd. 1855. S. 16. Anm. 3.; und Hdwb. der Staatswissenschaften, VI. S. 337: «Die Form Umgeld, (die übrigens schon früh vorkommt), beruht auf Entstellung.... Im wesentlichen sind Ungelt und Accise dasselbe, werden sehr oft [wie in Strassburg] synonym gebraucht»

berufenen, richten sollte, konnte man aus Strassburg keine die Wahlberechtigung nachweisenden Protokolle vorzeigen. Ebensowenig konnte man sich auf einen Besitz, auf irgend eine Verbindung mit dem Königreich zu jener Zeit stützen, wodurch die Stadt Anspruch auf eine eigene Vertretung gehabt hätte. So fürchtete man, übergangen zu werden, was einer wehrlosen Abhängigkeit von der Versammlung, unter Umständen von vornherein einem Verlust der Kapitulation gleichkommen konnte. Man achtete nicht darauf, dass diese nur mit dem Könige, nicht mit der Nation abgeschlossen worden war.

Als aber mehrere Provinzen, die sich in ähnlicher Lage befanden, um die Herstellung ihrer ehemaligen Stände anhielten, und der gleiche Wunsch das übrige Elsass bewegte, so wurde von der Kammer der XIIIer eine Deputation eingesetzt,[1] um aus den Nachrichten des Stadtarchivs den Anteil Strassburgs an den ehemaligen elsässischen Ständeversammlungen nachzuweisen, und so zu bewirken, dass es in der französischen Versammlung seinen alten angesehenen Platz als Reichsstand einnehmen könne, vermöge dessen es vor allem auch den zehn kaiserlichen Städten des Elsass als einzelne, abgesonderte Stadt gegenübertrat.[2]

Alsbald nach der Wiedereinsetzung Necker's ward an diesen ausserdem eine Denkschrift abgesandt, worin sich der Magistrat nun auch auf das frühere Recht der Abordnung zu den Reichs- und Kreistagen berief, und besonders auf den Vorzug hinwies, dass der Hof nicht durch die Provinzialbehörden, sondern unmittelbar mit der Stadt verhandelte. Man sann bereits auf Wege, die Stellung der Stadt mit den in Versailles zur Geltung kommenden Grundsätzen möglichst zu vereinigen, um desto mehr auf ein Entgegenkommen in der Abordnungsfrage hoffen zu können. Hingegen riet Gerard, welcher Mitglied der zum zweiten Mal berufenen Notablenversammlung war, und daselbst die Privilegien der Stadt stets vertreten hatte, unumwunden

---

[1] Vgl. Protokoll der Räth u. XXIer vom 23. Februar 1789.
[2] Dieser Unterschied sollte auch jetzt noch streng gewahrt werden. Die 10 knis. Städte wollten gemeinsam die Herstellung der alten Stände des Elsass bewirken. Strassburg lehnte die Einladung, sich ihnen dabei anzuschliessen, unter dem Hinweis auf seine vereinzelte Stellung ab.

zu Massregeln, um dieselben auch jetzt zu wahren, und verwandte sich dafür eifrigst persönlich bei den Ministern.

Doch blieb die Frage auch nach der Ankündigung der Etats-Généraux noch lange offen, und der Beginn des Jahres 1789 war eine Zeit peinlichster Ungewissheit für den Magistrat. Einerseits sehnte er sich nach einer bestimmten Aeusserung des Hofes, erklärte aber, da diese zunächst ausblieb, den Verhandlungen der Stände in keinem Fall anders als «freiwillig und aus wahrer Ueberzeugung der daraus zu hoffenden überwiegenden Vorteile» beitreten zu wollen. Brief auf Brief ging nach Paris ab, an Gerard, an den Sohn des Stättmeisters von Dietrich, an de Crolbois, den thätigen und wohlunterrichteten Agenten der Stadt; alle wurden ersucht, sich für diese zu verwenden. Die Befürchtungen stiegen auf das Höchste, als die allgemeinen Berufungsschreiben vom 24. Januar [1] eintrafen, welche die auf das Elsass nicht anwendbare Einteilung der Wahlbezirke in Baillages und Sénéchaussées verordnete, und in deren Verzeichnis wahlberechtigter Städte Strassburg nicht erwähnt war.

Erst am 23. Februar erhielt der Altammeister Johann von Türckheim durch den Intendanten ein Projekt zugesandt, wonach Strassburg zwei von den Bürgern zu wählende Abgeordnete gewährt wurden. Die Verordnung des Königs das Elsass betreffend,[2] die es bestätigte, war schon am 7. Februar ergangen; aber erst am 2. März erhielt der eben regierende Ammeister Mathias Nicolaus Zäpffel sie vom Prévôt der Maréchausé zugeschickt. Das Schreiben ward in gehobener Stimmung feierlich im Rat, und sodann, wie es bei Gegenständen von grösserer Wichtigkeit zu geschehen pflegte, bei offenen Thüren verlesen.

Neben den allgemeinen Bestimmungen für das Elsass, das wie zu den Provinzialversammlungen in 6 Distrikte mit insgesamt 24 Abgeordneten eingeteilt ward, sah sich Strassburg in der wünschenswertesten Weise bevorzugt. Denn unter besonderer Berücksichtigung ihrer Kapitulation, ihres Besitzes an eigenem Gebiet, und ihrer eigenen Verwaltung war der Stadt eine von den zehn anderen Städten unabhängige «direkte» Abordnung zugestanden worden.

---

[1] Vgl. Archives parlementaires de 1787 à 1860. T. 1er Paris 1879. S. 544. fg. u. S. 617.
[2] Vgl. Arch. parl. I. S. 632 fg. u. Reuss. l'Als. S. 1. fg

Zur Wahl derselben sollten alle Bewohner des dritten Standes der Stadt berufen werden, während ihr Adel und ihre Geistlichkeit in Hagenau eigene Abgeordnete zu wählen hatten (Artikel VII). Die Amteien waren ebenfalls in die Distriktseinteilung inbegriffen (Art. X).

In Strassburg gab man sich den grössten Hoffnungen hin: die Kapitulation war gerettet, jeder Wunsch sollte an das Ohr des Königs dringen; was dem Vertrag von 1681 im Lauf der Jahre entgegengehandelt worden, konnte wieder beseitigt werden, die Zeit der alten Unmittelbarkeit schien wieder zu erwachen.

Ein Ausschuss ward unverzüglich eingesetzt, um sich mit den Wahlbestimmungen zu beschäftigen. Bei der eigentümlichen Verfassung, besonders bei der strengen Einteilung der Zünfte, die ihren Grundstock bildete, zeigte sich die Notwendigkeit, nicht unbedeutende Abweichungen von den in der Vorschrift vom 24. Januar befohlenen Formen der Wahl vorzunehmen.[1]

Einmal konnte eine Unterscheidung der einzelnen Körperschaften nach der Art ihrer Thätigkeit in Körperschaften der Künste, Handwerker, und sonstiger gleichartiger Berufszweige hier nicht Platz greifen, weil, wie erwähnt, die Zünfte, mehr äusserlich, die verschiedenartigsten Genossenschaften in sich zusammenfassten. Daher berief man sich auf das Bestreben des Königs die herkömmlichen Gebräuche bestehen zu lassen, und wies darauf hin, wie zweckmässig die Einteilung in eine feste Zahl von Körperschaften für den glatten Verlauf der Wahlen sein musste. Hielt man sich aber hieran, so war auch die einheitliche, mit der Stärke der einzelnen Genossenschaften steigende Zahl der Wähler der Abgeordneten, der s. g. Repräsentanten, nicht anwendbar. Deshalb wurde bestimmt, dass zwar, wie in den anderen Städten, Teilversammlungen zur Vorwahl berufen werden sollten, dass aber diese Versammlungen nach den drei in Strassburg in betracht kommenden Klassen, — Bürgern, Schirmern und Privilegierten, — unter Ausschluss jeder weiteren Unterabteilung, zusammentreten sollten. Innerhalb dieser Versammlungen wurde der vorgeschriebene Wahlmodus beobachtet. Die Zünfte sollten sich auf ihren besonderen Stuben,

---

[1] Sie wurden im Entwurf am 10. März veröffentlicht. Vgl. Reuss, l'Als. S. 8 fg.

womöglich am 18. März, versammeln und je zwei Repräsentanten bis zu 100, vier bis zu 200 Anwesenden u. s. w. wählen. Auf die Schirmer ward die Bestimmung für die corporations d'arts et métiers (Art. XXVI) angewandt, so dass weniger als 100 Anwesende einen, unter 200 zwei Repräsentanten zu wählen hatten u. s. w. — Die kleine Klasse der Privilegierten verfuhr in derselben Weise wie die Bürger. — Die Bewohner der Bannmeile, d. h. der Ruprechtsau und des Neuhofs, erhielten das Recht, sich ihren städtischen Zünften anzuschliessen, oder aber an ihrem Wohnort selbst zusammenzukommen.

Eine weitere Schwierigkeit entstand aus der Verordnung, dass die «Munizipalbeamten» die «nicht dem dritten Stande angehörten», in der von ihnen zu leitenden Versammlung keine Stimme haben sollten, aber dennoch das Recht gewählt zu werden. Hier erhob sich bald die Frage, ob die Magistrate als Munizipalbeamte in jenem Sinne zu betrachten seien oder nicht? Die Meinungen waren verschieden und ein Teil der Ratsherren glaubte nach der Stimmenthaltung bei den Wahlen praktische Folgen für die Zukunft befürchten zu müssen. Nach sehr lebhaften Verhandlungen fand man schliesslich den Ausweg, sich an Artikel LI. des Reglements zu halten, wonach alle Verordnungen und Entscheidungen in Bezug auf die Berufungen, Wahlen und Versammlungen nur provisorisch sein sollten; und man entschloss sich, die Angelegenheit vorläufig durch Stimmenmehrheit zu entscheiden.

Dabei siegte der Vorschlag Türckheims, dass in den Vorversammlungen der Zünfte jeder Ratsherr abstimmen und wahlfähig sein könne, bei der Redaktion des zu verfassenden Beschwerdeheftes und in den endgiltigen Wahlversammlungen jedoch nur dann, wenn er als Repräsentant aufgestellt worden sei.[1] Denn, so sagte Türckheim, — mit einer Verzichtleistung auf das aktive Wahlrecht konnten die Magistrate hoffen, guten Eindruck auf die Bürgerschaft zu machen; «wenn jemals ein Zeitpunkt erfordert, dass dieselben ihre ganze Würde auf

---

[1] Türckheim war in der Stadt Strassburg wahlberechtigt, da er nicht dem unmittelbaren Adel angehörte Ausserdem enthielt das Adelsdiplom seines Vaters die eigentümliche Bestimmung, dass der Träger des Adels denselben stets zeitweilig ablegen konnte. In diesem Falle befand sich J. v. Türckheim als bürgerlicher Ammeister.

Bügerliebe und freies Zutrauen gründen, so ist es der gegenwärtige.»

In den übrigen Verordnungen hielt man sich streng an die Vorschrift, unter ausdrücklicher Verwahrung gegen jede daraus etwa entstehende Neuerung.

Uebrigens meldeten sich, trotz der Bestimmung, keiner weiteren Körperschaft die Wahl eigener Repräsentanten zu gestatten, alsbald der protestantische Kirchenkonvent und das Kapitel von St. Thomas — das unter 16 Kanonikern 13 Professoren zählte, — sowie die protestantische Universität selbst, mit dem Ersuchen, als selbständige Körperschaften ihre eigenen Repräsentanten abordnen zu dürfen. Auch dies rief grosse Bedenken und Meinungsverschiedenheiten hervor. Der Stättmeister Siegfried von Oberkirch aber trat im Verein mit Türckheim für die Gewährung ein, da die katholische Geistlichkeit das hier beanspruchte Recht schon besass, und ohne das die drei protestantischen Körperschaften, verteilt in die Zünfte, ihre eigensten Interessen nicht genügend würden wahren können. Provisorisch wurde demnach beschlossen, dass nach Artikel X. auch das Stift und der Konvent je zwei Repräsentanten wählen sollten, die Universität aber, da nur fünf Professoren nicht zugleich auch Kanoniker waren, nur einen, «was Conventus professorius nicht ohne einige Verlegenheit ersah.»[1]

Während dieser Vorbereitungen des Magistrats begann eine erregte Bewegung in der Stadt um sich zu greifen. Aber dieser Anfang des Umsturzes in Strassburg war eine Revolution der Bürger nicht gegen die Staatsregierung, sondern gegen die Stadtobrigkeit.[2] Der Boden dazu war durch die erwähnten Missverhältnisse zwischen den Bürgern und dem Magistrat vorbereitet worden. Der Unmut über die amtlichen Gewalt-

---

[1] Die Minister hatten gegen diese Vergünstigung ebensowenig wie gegen die übrigen Abweichungen vom Reglement etwus einzuwenden. — Vgl. den Brief des Magistrats an Puységur vom 12. März (Entwurf St.-A. AA. 1099); teilweise im Anhang (Nr. 2) mitgeteilt Diese vorbereitenden Verhandlungen machten es unmöglich, die Vorwahlen vorschriftsmässig 8 Tage nach dem Eintreffen des Berufungsschreibens vorzunehmen. Der Gouverneur der Provinz, Marschall von Stainville, gestattete daher, sie bis zum 23. März hinauszuschieben.

[2] Ganz ähnlich wie z. B. später im Bistum Speyer. Vgl. Wenck a. a. O. I. S. 212.

thätigkeiten sah bald, wie gesagt, in allerhand Massnahmen «persönliche Beleidigungen und Eingriffe», in verschiedenen Einrichtungen der Verfassung, z. B. der Art der Steuereinziehung und der geheimen Rechnungsablage, unerträgliche und anfechtbare Zustände. Dies waren Schäden, wo man einen Hebel mit Erfolg ansetzen konnte, der dann allmählich stärker und wirksamer zu arbeiten begann. Niemals aber wäre es zu einer so lauten Gehässigkeit gekommen, wie sie durch die Erlaubnis geweckt wurde, jede Klage und jeden Wunsch in den Beschwerdenheften dem König zu Füssen zu legen. Die Bürger gerieten in freudige und gereizte Stimmung zugleich. Sie wurden zum Nachdenken über ihre Lage aufgefordert, und nun entdeckten sie überall neue Uebel, und fanden die schon bekannten um so unerträglicher,[1] wenn auch nur wenige derselben mit den Klagen der Altfranzosen zusammenfielen. Eine Anzahl z. tl. bissiger Druckschriften verstärkte noch die allgemeine Bewegung, indem sie teils mit geschmeidigen und aufreizenden Worten, teils mit aufrichtigen Ermahnungen die Bürger auf das hinwiesen, was sie von der Nation, bzw. dem Könige, zu verlangen hätten.[2]

Dabei führten die Gegner des Magistrats das grosse Wort. « Hütet euch vor jenen, hiess es, die in der Stadt Diensten sind. Wählet im Gegenteil bei euren Zünften solche Männer, die bei der Stadt nichts suchen!» Der Verfasser der « Erinnerungen » rät

---

[1] Auch im übrigen Elsass zeigte sich eine solche Wirkung der Massregeln des Königs. Vgl. T a i n e, a. a. O., I. S. 13. u. 21. und auch Cherest a a. O. S 236 fg.

[2] Vgl. Unmassgeblicher Vorschlag einiger Deputirten der Strassburgischen Zünfte zu einem Vereinigungspunkt ihrer Klagen; geschrieben Freitags Morgens den 20. März 1789. — Gedanken denen Strassburger Bürgern und insbesondere denen Repräsentanten ihrer Zünfte gewidmet. Hievon erschien eine «Zweite, verbesserte Auflage mit Noten», welch letztere augenscheinlich von dem zu erwähnenden Prof. Ditterich stammen. — Unmassgebliche Gedanken bei dem bevorstehenden allgemeinen Reichstag von J o h. Heinrich Kress, dem Zundelpatscher. 1789., besonders gegen Ditterich sich wendend, von einem Professor der prot. Universität verfasst. (Vgl. Strobel, V. 286. Anm. 2). Am meisten schürten das Feuer die «Erinnerungen an die Bürger Strassburgs», die «den Mangel an den nötigen Einsichten vieler ... Bürger» missbrauchte, und sich zunächst gegen die Wahl eines Magistratsmitgliedes oder Schöffen zum Deputierten wandte.

geradezu die Abschaffung aller drei Kammern und des Grossen Rats an, und verlangt, dass hauptsächlich Rechtsgelehrte in die von ihm vorgeschlagenen Behörden gewählt werden sollten. Es ergab sich denn auch alsbald ein solcher, der Lehrer des kanonischen Rechts an der katholischen Universität, Ditterich, aus Bamberg gebürtig, als der Verfasser. Was «ihm so viel Galle gegen die Verfassung verursachte» war der Aerger darüber, dass er sich umsonst um eine Ratsstelle beworben hatte, während er nun danach strebte Abgeordneter zu werden.[1]

Diese Flugschriften zeigen in ihrem Tone, wie scharf sich die Parteien vor und nach den Wahlen der Repräsentanten trennten, wie sich schon hier katholisch und protestantisch entgegentrat, und wie alles dahin drängte, den Magistrat zu beschränken, und die Stellung der Bürgerschaft weniger abhängig zu gestalten.

Noch deutlicher aber offenbarte dies der Ausfall der Wahlen am 18. März. Die Stimmenabgabe geschah in jeder Zunft nach dem Alter; doch stimmte der Oberherr an letzter Stelle, wie verordnet worden, da « es schwache Köpfe » gab, die ihnen oft «nachbeteten». Die Zahl der Erwählten schwankte je nach der Stärke der Zünfte zwischen 2 und 12. Am 20. hatten die Privilegierten und die protestantischen Körperschaften, am 21. die Schirmer ihre Vertreter gewählt. Im allgemeinen waren die Versammlungen ruhig verlaufen, wenn es auch bei einigen Zünften nicht an Lärm und Erregung gefehlt hatte, was der launige «Zundelpatscher» auf die kräftigen Naturstimmen der Schmiede, Fischer und Gärtner zurückführte.

Das Gesamtergebnis waren 126 erwählte Repräsentanten, worunter zur grössten Bestürzung des Magistrats, der « vor Scham und Zorn kaum das Herz hatte, die Augen aufzuheben »,[2]

---

[1] Vgl. Kress, a. a. O. Dieser Vorhalt scheint nicht grundlos gewesen zu sein, da Ditterich es bis zum Mitglied des 32er Ausschusses brachte, im August sogar bis zum Ratsherrn. Auch in der neuen Munizipalität war er notable du conseil de la commune und Mitglied der Departementsverwaltung. Als Geheimer Rat des Fürstbischofs von Speyer musste er nach dessen Einspruch gegen die Neuerungen in seinen elsässischen Herrschaften 1791 fliehen, und ward 1792 zum Emigrierten erklärt. Vgl. Notes biographiques sur les hommes de la Révolution à Strasbourg et les environs, von E. Barth, Revue d'Alsace. Tome 6me, 1877. S. 257 fg.

[2] Vgl. Friese, a. a. O. IV. S. 209.

nur 6 Ratsmitglieder und 14 Schöffen sich befanden, z. B. der regierende Ammeister Zäpffel, Türckheim und der auch sonst hervortretende XIIIer Hennenberg. Auch Generaladvokat Fischer und Konsulent Metzler, sowie Ditterich waren von ihren Zünften gewählt, von den Privilegierten der Syndikus des Ritterschaftsdirektoriums Schwendt, vom Kirchenkonvent der bekannte Kanzelredner Blessig. Die Schirmer hatten zum Erstaunen und Schrecken des Magistrats neben zehn anderen den Königslieutnant Baron von Klinglin, von dem noch ferner die Rede sein wird, ernannt. Dies Gesamtergebnis kam einer Kundgebung gleich. Ein siegesgewisser Ton, wie ihn der bisher Unterdrückte dem überwundenen Peiniger gegenüber anschlägt, machte sich bemerkbar. Man erklärte offen, dass eine Verschwörung mehrerer Zünfte bestanden hatte, keinen ihrer Oberherrn, Schöffen oder Richter zu wählen.[1]

Am 23. fand die Versammlung der Repräsentanten unter dem Vorsitz der Ratsherren statt. Diese begaben sich unter dem Geleit der Stadtsöldner und Ratsboten, angethan mit ihren Zeremonialkleidern, von der Pfalz in die nahegelegene Zunftstube zum « Spiegel », wo die 126 sie erwarteten. Nach einigen Ansprachen und nochmaliger Verlesung der königlichen Briefe wurden die Protokolle mitgeteilt. Während Klinglin sich bemühte, Vertrauen zu erwecken, erhob sich Ditterich im Verein mit einigen anderen Repräsentanten und that «vom Ungeheuer der Intoleranz und des blinden Religionseifers belebt», heftig Einspruch gegen die Ernennung von Repräsentanten seitens der protestantischen Körperschaften. Er hatte sich jedoch Tags zuvor[2] bei einem Essen der Repräsentanten so auffallend feindlich gegen den Magistrat ausgesprochen, dass er den Saal hatte verlassen müssen. Dies veranlasste die Anwesenden, auch nunmehr sich seinen Angriffen gegenüber auf die Seite des Magistrats zu stellen. Dieser betonte wiederum die provisorische Giltigkeit seiner Zustimmung. Darauf schritt man zur Vereidigung sämtlicher Repräsentanten und zur Wahl der Kommissare, die das Beschwerdenheft fertigstellen sollten. Es kam ein Ausschuss von 32 Mitgliedern zu stande.[3] Ditterich befand sich

---

[1] Unmassgeblicher Vorschlag S. 2.
[2] Kress, a. a. O. S. 24.
[3] Vgl. die Namen bei Reuss, l'Als. S. 31. — Hermann,

darunter, — ebenso Klinglin, der sich ebenfalls zum Deputierten anzubieten schien. — Gern hätte der Magistrat, um voreilige und schädliche Schritte zu verhüten, eigene Kommissare für die Beschwerden ernannt; aber seine Lage gegenüber den Zünften war bereits so unsicher geworden, dass er nicht einmal solch einen Vorshlag zu machen wagte. Er gestand ein, dass er seine Grossmut den Bürgern gegenüber zu bereuen anfing.[1] Aber auch ausserhalb seines Kreises sah man in den Umtrieben vor der Wahl mit Recht das Bestreben, selbst die unbedeutenderen Beschwerden unter Umgehung des Magistrats unmittelbar an den König zu bringen,[2] trotzdem öfters darauf hingewiesen worden war, dass sich mit solchen « kleinfügigen Dingen » die Reichsversammlung nicht abgeben werde. Man beklagte, dass das Wohl der Stadt nun in den Händen unerfahrener Männer lag, die auch bald selbst z. Tl. merkten, dass «Volksregierung mehr ist als blosses Kannegiessern». Andere aber konnte man wichtig einhergehen und Audienzen erteilen sehen, « gerade als ob sie dazu berufen wären, Magistrat und Bürgerschaft in eine ganz neue Schöpfung zu verwandeln.» —
Die Arbeit der Kommission dauerte länger als man erwartete: bis zum 8. April. Inzwischen kamen mancherlei aufregende Nachrichten durch die Zeitungen nach Strassburg, besonders über die Teuerung und die dadurch entstandene Gärung, und es schien, als ob auch hier die Erregung Herrin werden wollte. Aber sie liess sich durch die Hoffnung auf baldige Abstellung der Missbräuche und das Bewusstsein, die Klagen aufgezeichnet zu haben, wieder dämpfen.[3]

Eine entschiedene Wendung zum Besseren bedeutete es,

---

a. a O. I. S. 106 und 193 spricht irrtümlich von einer «commission des Quarante.»
[1] Vgl. hierüber und über die Repräsentantenwahl überhaupt den Brief des Magistrats an Gerard vom 25. März 1789, im Entwurf St.-A. AA. 1099, teilweise mitgeteilt im Anhang, Nr. 3. Bis Ende April korrespondierte der Magistrat noch eifrig mit Gerard, von da an wandte er sich mit seinen Berichten an die Deputierten.
[2] Vgl. Gedanken u. s. w. S. 4. u. 11. Vermahnung zur Vorsicht bey den Wahlen zum Reichstage von der Elsässischen zwischen-Commission an die Gemeinden der Provinz gerichtet. S. 3.
[3] Vgl. den Brief des Magistrats an den Gross-Siegelbewahrer vom 15. April (Prot. Räth und XXI), und die Rede Fischers vom 7. April.

als am 6. April die 32 anzeigen konnten,[1] dass, entgegen den Wünschen Ditterichs, die Beschwerden der Bürger über die innere Verwaltung zunächst nicht der Nationalversammlung, sondern dem Magistrat vorgelegt werden sollten, und zwar von einer aus der Mitte der 32 zu ernennenden Kommission, die gemeinsam mit einer Abordnung des Magistrats über diese Beschwerden, «zur Aufrechterhaltung des guten Einvernehmens», verhandeln sollte. Dass dieser geheime Wunsch des Magistrats nun auf Veranlassung der Repräsentanten in Erfüllung ging, verdross ihn aber so, dass er nur mit Rücksicht auf die herrschende Stimmung einwilligte. Immerhin war es der beste Ausweg den Frieden zu erhalten und die Gelegenheit günstig, die Bürger amtlich des Wohlwollens des Magistrats eindringlich zu versichern,[2] in Hinsicht auf die am 8. stattfindende Wahl.

Als sich an diesem Tage die Ratsherren Morgens sechs Uhr sämtlich auf der Zunftstube zum Spiegel versammelt hatten, und der feierliche Kirchgang beendet war, fand die Vereinigung mit den Repräsentanten statt. Zunächst wurde das umfangreiche Beschwerdenheft verlesen,[3] und von den Letzteren genehmigt. Der Magistrat schwieg, höchst unangenehm betroffen,[4] und beschränkte sich darauf, Gerard sein Leid zu klagen und ihn um seine Verwendung in Paris zu bitten. Dann ernannten die Repräsentanten sieben Kommissarien,[5] die den Auftrag erhielten, ohne selbständiges Beschlussrecht mit den vom Magistrat zu ernennenden Deputierten über das Beschwerdenheft zu verhandeln.

Dann schritt man zur Wahl der Deputierten. Zunächst wurden, der königlichen Verordnung zufolge,[6] drei Wahlrichter (scrutateurs) durch geheime Abstimmung bezeichnet,

---

[1] Vgl. den Brief an Gerard vom 11. April bei Reuss, l'Als. S. 66.
[2] Vgl. Reuss l'Als., S. 24.
[3] Vgl. Anm. 3. Die Begehren der Zünfte mit den dazu gehörigen Bemerkungen der Kommission s. bei Heitz a. a. O. S. 163 fg.
[4] Vgl. XIIIer Protokoll vom 6. April: des «cahiers principia» seien gegen den Magistrat gerichtet.
[5] Es waren dies: Fischer, der Notar Lacombe, Kaufmann Schubart, Hervé, der Banquier von Türckheim (des Ammeisters Bruder und Gemahl von Goethe's Lilli), Gärtner Wunderer und Lic. Spielmann; als Stellvertreter Ditterich und Metzler.
[6] Vgl. Procès verbal de l'élection etc. bei Reuss, l'Als. S. 25.

die ihre Stimmzettel zuerst abgaben. Von den 126 Stimmen fielen beim ersten Wahlgang, wo es sich um den protestantischen Abgeordneten handelte, 96 auf den Altammeister von Türckheim. Nach dem entmutigenden Ausfall der Repräsentantenwahl hatte der Magistrat nun doch die Genugthuung einen der Seinen nach Versailles entsenden zu dürfen. Die Wahl des zweiten Abgeordneten machte einige Schwierigkeiten. Beim ersten Wahlgange erhielt niemand die absolute Stimmenmehrheit. Beim zweiten jedoch ward mit 87 Stimmen der Syndikus Schwendt zum Deputierten ausgerufen.[1]

Das Wichtigste an diesem Ergebnis war, dass beide Abgeordneten juristisch gebildete und im praktischen Recht erfahrene Männer waren, — das erste Erfordernis für die Vertreter der von den wenigsten Bürgern völlig beherrschten staats- und verfassungsrechtlichen Verhältnisse Strassburgs.

Türckheim[2] wurde diesem Anspruche in erster Linie gerecht. Er war schon seit 1778 Ammeister, wenn auch noch nicht 40 Jahre alt; auch war er Abgeordneter der Provinzialversammlung und Vorstand des Bureaus der öffentlichen Angelegenheiten daselbst gewesen. Im Privatleben war er Banquier und besass mehrere Güter im Elsass und in Baden. Er war «eine der bedeutendsten politischen Grössen der damaligen königlichen Freyen Reichsstadt.» Im häuslichen Leben war er den Sitten der Väter treu geblieben, und trotzdem sein Haus eines der besten in Strassburg war, widertsrebte er mit seiner Familie «dem Strom der leichtsinnigen Modesitte», und «wählte mit Patriarchensimplicität häusliche Ruhe, . . . genaue Ausübung jeder Pflicht, Anbauung der Kenntnisse, Würde der Menschheit zu ihrem Glücke.»[3]

---

[1] Vgl. die Bemerkung von Reuss. l'Als., S. 30 Anm. 1.
[2] Vgl. Muller a. a. O. S. 100. — Rathgeber, Das Elsass beim Ausbruch der französischen Revolution (Jahrbuch für Gesch., Sprache u. Litt. Els.-Lothr. u. s. w. V. Jahrgang, Strassburg 1889, S. 187.) Revue d'Alsace, VII. Band, S. 127 fg. Reuss, l'Als., S. 27. — Pfannenschmid, G. K., Pfeffel's Fremdenbuch. Colmar 1892. S. 77 u. 97 fg. Niebuhr erwähnt in seinen Vorlesungen über die Geschichte des Zeitalters der Revolution (I. S. 199 fg.) den ihm persönlich bekannten T., «der manche administrative Kenntnisse hatte, aber nicht bedeutend war.»
[3] Vgl. Journal einer Reise nach Frankreich (von S. M.

Auch Schwendt als Syndikus des Direktoriums der unmittelbaren Ritterschaft war mit den vielgestaltigen Herrschaftsrechten des Elsass wohl bekannt, und so konnte auch ihn der Magistrat mit Freuden begrüssen. Die Abgeordneten erhielten ihre Vollmachten, über alles was den Staat angehe, Vorschläge und Vorstellungen zu machen, ihre Meinung zu äussern und ihre Zustimmung zu geben. Die Repräsentanten ihrerseits versprachen alles zu billigen und zu genehmigen, was durch sie geschehen und bestätigt werden würde. Am 19. April reisten Türckheim und Schwendt, nachdem ihnen in einer Huldigungsadresse der Repräsentanten zu ihrem «segentriefenden Gang» unter Ueberreichung von Bürgerkronen Glück gewünscht worden war, nach Paris ab, wo ihnen de Crolbois als Berater und als finanzieller Agent und Bevollmächtigter des Magistrats jederzeit aufmerksam zur Seite stand.[1]

II.

Das Beschwerdenheft und die Verhandlungen wegen der inneren Beschwerden mit der Bürgerschaft.

Thatsächlich erlosch mit der Wahl der Abgeordneten die Thätigkeit der Repräsentanten, und es blieb noch die **Kommission der Sieben**, deren Mitarbeiter vom **Magistrat**, **fünf** an der Zahl,[2] am 15. April durch den regierenden Ammeister ernannt wurden. Als sie zu gemeinsamer Beratung

---

Laroche) Altenburg 1787. S. 13 u. Reuss, l'Als. S. 163 Anm. 1. Bei Laroche muss die Familie des Ammeisters gemeint sein.

[1] Vgl. Reuss, l'Als., S. 69. Die Huldigung ist in dem Brief eines gew. Krauss an den badischen Minister von Edelsheim (vom 10. März. **Karlsruher Archiv, Frankreich. Reichssache. 1789. 1790**) geschildert. In der Adresse findet sich die wenig demokratisch gefärbte Stelle: «Ihr zwar beide durch die Früchte Eures Fleisses, Eurer Verdienste und **Eurer Geburt über der Sphäre derer erhaben**, die Eurer Hilfe am meisten bedürfen» ... Das Schriftstück schliesst mit einer Apostrophe an Ludwig XVI., «unsere Wonne».

[2] Der Stättmeister Chr. von Oberkirch, der Altammeister Poirot, Hennenberg, der XVer Mogg und der XXIer von Berstett. — **Strobel** V. S. 292, irrtümlich: «sieben von jeder Seite».

zusammentraten, war das Beschwerdenheft für die Allgemeinheit noch ein Geheimnis. Als dann, um die entstehende Bewegung zu mildern, auf jeder Zunftstube eine Abschrift des Heftes zur Einsicht niedergelegt worden war, kam es zu lärmenden Auftritten, woraufhin der Druck und die Führung eines Protokolls für die Beschwerden jeder Zunft gestattet wurden. Diese Nötigung des Magistrats zeigt deutlich, wie man das Beschwerdenheft in den Kleinbürgerkreisen auffasste, und wie aller Augen nicht sowohl auf die Versammlung der 1200 als auf den Ausschuss der 12 und auf die Beseitigung der städtischen und noch mehr der zünftigen und individuellen Beschwerden gerichtet waren.

Dennoch kamen durch die günstige Zusammensetzung des Ausschusses der 32 auch teilweise weitere Gesichtspunkte zur Geltung, als in den meisten übrigen Beschwerdeheften des Elsass, deren Verfasser es wagen, von der Erfüllung eigenster Wünsche die Bewilligung weiterer Steuern abhängig zu machen, wie z. B. die Geistlichkeit des Distrikts Colmar-Schlettstadt,[1] während die Strassburger nur als Bittende auftreten. Ihr Heft enthält eine einfache Aufzählung der einzelnen Forderungen, deren Berechtigung nicht weiter verteidigt wird; hingegen finden sich in den anderen Heften ausführliche Begründungen der Begehren. Im ganzen macht es den Eindruck, als sei durch das Zusammenwirken mehrerer an Staatsgeschäfte gewöhnter Gewalten in den beiden Distrikten des Elsass die Scheu vor der Regierung und der Nationalvertretung in Versailles minder gross gewesen, als in dem alleinstehenden Strassburg. Doch hat das Heft dieser Stadt den verdienstlichen Vorzug, dass es grösser und übersichtlicher angelegt ist, als die übrigen, die sich daneben ziemlich formlos ausnehmen. Schon die Einteilung in fünf Abschnitte: Beschwerden in bez. auf das ganze Königreich — 29. Artikel; in bez. auf die Provinz — 24; in bez. auf die Stadt in Verbindung mit Frankreich — 26; die innere Verfassung der Stadt betreffend — 32; besondere Begehren der Zünfte — 26 Artikel, zeigt praktische Erwägung und überlegenes Geschick.

---

[1] S. d. Beschwerdenhefte der elsässischen Wähler: Archives parlementaires III. S. 3, 9. 12, 416 fg.; V. S. 784. 786 fg. Das Beschwerdenheft des Conseil Souverain de Colmar ist a. a. O. V. 784

Dem Inhalt nach, den für das Strassburger Engelhardt[1] ausführlich wiedergegeben hat, ist ein Vergleich, besonders in Beziehung auf die Frankreich berührenden Beschwerden interessant. Er giebt ein Bild nicht nur der Gemeinsamkeit der Wünsche des Elsass, sondern auch des Verhältnises dieser Beschwerden zu denen Altfrankreichs.[2] In Beziehung auf das Königreich lagen die Forderungen Strassburgs meist auf finanziellem Gebiete; z. Tl. aber waren sie blosse Formen (wie die Forderung «die wahre Verfassung» aufzusuchen), so lange die Erhaltung der eigenen Privilegien verlangt wurde. Die Wahrung aller alten Rechte bildet denn auch den Hauptinhalt des zweiten Abschnitts, neben den ins Einzelne gehenden Beschwerden über die Wegfrohnen, die Ferme, und Fourragelieferungen, die man abgeschafft und durch eine Ausgleichssteuer ersetzt haben wollte. Zwar wurde öffentlich kein Wort von Aufhebung

---

fg. fälschlich unter dem Titel «Cahier de la Ville de Strasbourg» abgedruckt.
[1] Strobel a. a. O. V. 280 fg.
[2] Die gemeinsamen Forderungen im einzelnen sind: Gleiche Anzahl der Vertreter des 3. Standes wie die der beiden anderen zusammengenommen. Abschaffung der Lettres de cachet. Pressfreiheit. Bewilligung aller Steuern durch die Reichsstände. Entrichtung der Steuern durch jedermann. ohne Rücksicht auf Rang und Stand. Veröffentlichung der Schuldenlast und Erklärung derselben zur Nationalschuld. Verminderung der finanziellen Bedürfnisse der einzelnen Departements, und Veröffentlichung ihrer Rechnufigen. Aufhebung der Pensionen. der Wohnungssteuer und Holzlieferungen für die Beamten und Soldaten des Königs. Periodische Wiederkehr der Reichsstände. Aufhebung der «das Volk ruinierenden» (Stadt Colmar 35.) Lotterien. Verbesserung der Gerichtsbarkeit. Abschaffung der Evokationen vor fremde Gerichtshöfe. Errichtung von Provinzialständen. Aufhebung der Stelle des General-Einnehmers der Finanzen. Zulassung des 3. Standes zu den Offiziersstellen. Sodann: Erhaltung der alten Privilegien der Städte und Gemeinden. Abschaffung der käuflichen Stellen Uebertragung etwaiger Steuerbefreiung auf das ganze Königreich. Eintragung des Grundbesitzes in Kataster. Aufhebung verschiedener Steuern, besonders auf Amlung, Leder, Papier. Belassung der Zollgrenze an den Vogesen. Erhaltung des Elsasses in seiner Stellung als fremde Provinz. Verbot des Geldverkehrs mit Juden. — Näheres über das Heft von Hagenau vgl. bei Klélé, Hagenau zur Zeit der Revolution, 1885. S. 18. fg., woraus deutlich die Aehnlichkeit der Bestrebungen in Hagenau und Strassburg hervorgeht. — S 22 sagt Klélé. es sei die Abschaffung der Gabelle verlangt worden. Thatsächlich steht in dem Heft von Hagenau-Weissenburg (a. a. O. III, 416 fg.) nichts davon, da bekanntlich die Gabelle im Elsass nicht eingeführt war.

oder Erleichterung der Abgaben des Zwanzigsten laut. Dennoch stimmt es nicht zu den fortgesetzten amtlichen Versicherungen der Liebe zum König und Dankbarkeit gegen den schützenden Staat, dass man bei der schlimmen Lage Frankreichs da, wo Selbstlosigkeit zu beweisen und Opfer zu bringen gewesen wären, nur um Vorteile besorgt war.[1]

Vor allem der dritte Abschnitt, Beschwerden der Stadt in Verbindung mit Frankreich betreffend, bietet von diesem Gesichtspunkt aus ein sonderbares Bild. Man glaubt sich unter die Ratsherren von 1681 versetzt, in dem Augenblick, wo sie die Kapitulation zur Wahrung ihrer alten Herrlichkeit aufsetzten. Nichts als Privilegien, — Erhaltung, Wiedergewährung und auch Erweiterung der Privilegien, und Befreiung von Lasten —, man muss vergessen, dass Strassburg eine kgl. freie Stadt war, um jenen Begehren in Anbetracht der Kapitulation gerecht zu werden, woran niemals hatte gerüttelt werden sollen.[2]

Aber eben, dass hier so manchmal auf den Verlust alter Vorrechte hingewiesen und das ungünstige Verhältnis der Stadt in Beziehung auf die Höhe der Geldleistungen betont werden musste,[3] zeigt, dass unter der französischen Herrschaft in Strassburg die Herzen doch nicht bloss leicht und freudig schlugen, und wie auch aus dieser Stimmung heraus dem Magistrat die Absendung eigener Deputierten so dringend erwünscht gewesen war. Dennoch möchte man versucht sein, die Strassburger weniger eigensüchtig zu nennen als die übrigen Elsässer, wenn man die Rücksichten ins Auge fasst, die jene den allgemeinen Verhältnissen Frankreichs angedeihen lassen, und wenn man die Vorbehalte der übrigen Distrikte der bedingungslosen Abgabenbewilligung seitens der Strassburger entgegenstellt. Ausser dieser Stadt hat nur noch Hagenau die Errichtung einer Verfassung für das Königreich gefordert, und auf den Gedanken,

---

[1] Die Fourragelieferung für die Garnison. (die, wie betont wird, der Provinz zum Nutzen gereichte) wollte man dennoch zu $^2/_3$ der Kriegskasse aufgelegt wissen.

[2] Spach. F. de Dietrich etc. p. 495: «en un mot, on répugnait à se fondre avec le reste de la France, tout en cherchant à profiter des avantages que donnait le réunion à un grand royaume». Diese Arbeit lässt öfters an Genauigkeit zu wünschen übrig. So lässt Spach (l. c.) in dem Strassburger Heft die Adeligen die Aufrechterhaltung ihrer Herrschaftsrechte verlangen, während sie mit dem Strassburger Heft gar nichts zu thun haben.

die Einkünfte der Krongüter zur allgemeinen Tilgung der Schulden heranzuziehen, ist niemand im Elsass gekommen als unser Magistrat. Aber widerum darf man nicht vergessen, dass dieser durch Entgegenkommen und den Beweis des Interesses an den Vorgängen im Königreich eher erhört zu werden hoffte, als durch selbstbewusstes Auftreten.

Dem formalen Unterschied steht materielle Gleichheit gegenüber. Die allgemeinen auch in Frankreich verhassten Schäden des Steuerwesens und der Gesetzgebung, die drückenden Verbrauchssteuern vor allem und die Missstände in der Handhabung der Justiz, bilden den gemeinsamen Grundstock der Unzufriedenheit, wenn auch naturgemäss von den Frohnen im Elsass viel weniger als in Frankreich, von der taille, den aides und der gabelle überhaupt nicht die Rede war, und auch verkäufliche Aemter nicht in Betracht kamen. — Einem gemeinsamen Angstschrei gleicht die überall laut werdende Besorgnis wegen der Verschiebung der Zollgrenze an den Rhein. Diese Massregel, das empfand jedermann, bedeutete die Vernichtung des Handels der Provinz. Diese selbst sollte nach der Absicht der übrigen Distrikte künftig ein geschlosseneres Ganzes bilden, als bisher, was aber den Wünschen Strassburgs nicht entsprechen konnte. Hier verlangte man auch fernerhin eine direkte Deputation zu den Reichsständen, und, da die Stadt ihre eigenen Auflagen beibehalte, nur unter gewissen Einschränkungen eigene frei erwählte Vertreter bei den Provinzialversammlungen. Die anderen dagegen wünschten, dass sowohl bei den Provinzialversammlungen, wie bei den künftigen Generalständen Strassburg und die zehn Städte sich nur dann an den Wahlen beteiligten, wenn ihre Bürger sich den betreffenden Distrikten angeschlossen hätten. Die eigenen Landsleute tasteten die Ausnahmestellung ihrer Gemeinwesen an, und so musste es für den Strassburger Magistrat von besonderer Wichtigkeit werden, was in Versailles darüber beschlossen wurde.

Im Vordergrund des Interesses der Bürger aber standen nicht die staatsrechtlichen, sondern die verfassungsrechtlichen Verhältnisse, die erwünschte Umgestaltung des Magistrats und die Verbesserung des Finanzwesens der Stadt. Wie erwähnt, wurde das Selbstergänzungsrecht des Schöffenkollegiums als ein grosser Uebelstand betrachtet. Künftig sollte die Wahl der Schöffen durch 30 jedesmal eigens hiezu ernannte zünftige

Wähler geschehen, und zwar, wie fortan alle Wahlen, in geheimer Abstimmung. — Neben diesem Artikel erregte ganz ungewöhnliches Aufsehen derjenige, welcher die Untersuchung der alten XVer-Ordnung verlangte, damit diese auf ihre frühere Befugnis zurückgeführt werde, wobei man ausserdem eine Neuzusammensetzung der Kammer und Verminderung der Vollmachten der Zunftgerichte und ihrer Rechtssprechung forderte.[1] Vor allem sollte die Hauptgewalt der XVer: «zu mehren und zu mindern», unterdrückt werden, ihnen fortan nur das Vorschlagsrecht bei der Aufstellung neuer Verordnungen, die Bestätigung aber den Rät und XXI zustehen, und schliesslich das, übrigens fragliche Recht der XVer, jemand «eintürmen» zu lassen[2] an den Ammeister und den Grossen Rat übergehen.
— Diese Forderungen des 5. Artikels beraubte die XVer so ziemlich alles dessen, worauf sich ihre Machtstellung gründete, und es ist begreiflich, dass grösste Aufregung im Magistrat darüber herrschte. Sogar der Generaladvokat Mogg, der zwei Jahre zuvor während des Metzgerstreits im Rate scharf und bitter gegen die XVer gesprochen, verstieg sich nun zu der Aeusserung, Strassburg sei das Muster eines wohleingerichteten Staats, mit dessen Verfassung jene Umsturzartikel unmöglich übereinstimmen.

Auch die weiteren Begehren der Bürger waren dem Magistrat wenig genehm. Der jährlichen Hauptrechnung sollten Repräsentanten der Zünfte beiwohnen, wie denn überhaupt Oeffentlichkeit der Rechnungen und die Einsetzung einer Kommission von 40 Zünftigen unter dem Vorsitz von 3 Magistratsmitgliedern zur Aufstellung der Steuerrollen verlangt wurde. Letztere sollten ausserdem von jedermann eingesehen werden können. Das «Stallgeld», die Vermögenssteuer der Stadt, sollte durch eine gleichwertige Stadtsteuer von 90 000 Livres[3] ersetzt und nach dem neu zu errichtenden Fuss des Kopf-

---

[1] Artikel IX. XI. XIV. XVI. XVII. XXI. XXIV. XXVI.
[2] Dies bezieht sich darauf, dass infolge der Weigerung der Metzger, die neuen Fleischwaagen anzuwenden, auf Befehl der XVer die Zunftmeister der «Blum» eingekerkert worden waren. Die übrigen Zünfte, aufgefordert sich über die Giltigkeit dieses Verfahrens zu äussern, kamen zumeist zu keinem Ergebnis.
[3] «80 000» bei Reuss, l'Als. S. 54 ist ein Druckfehler. Vgl. das. S. 95.

geldes verteilt werden, bis die Schulden der Stadt gedeckt sein würden.[1] Alle Einkünfte der Stadt sollten ferner durch eine zweite Kommission von 40 untersucht werden, die nach deren Verhältnis die Höhe der künftigen Auflagen zu bemessen hatte. Diesen 40 sollte der Einblick in alle Kassen- und Kanzleiurkunden zustehen, und ausserdem sollten sie zu allen Hauptgeschäften, die auf eine Veränderung der Verfassung abzielen möchten, berufen werden. Es ist deutlich,· dass diese Artikel, denen minder radikale und für das allgemeine weniger bedeutende folgten, von dem Bestreben diktiert wurden, die Befugnisse der Bügerschaft auf Kosten der Gewalt des Magistrats zu heben. Auch die sonst wenig bemerkenswertes enthaltenden Beschwerden in bez. auf die Zünfte sind, soweit sie nicht eine Forderung im Interesse eines bestimmten Handwerks, z. B. die Verminderung der Accisen, enthalten, von derselben Stimmung getragen. Selbst der Wunsch, die einzelnen Vertreter der Zunft in der Amtsdauer zu beschränken, und stets Mittel in der Hand zu haben, sie nach Gefallen zu wählen, tritt hervor.

[1] Der Name Stallgeld kommt nach der im vorigen Jahrhundert überall festgehaltenen Ueberlieferung (Schöpflin a. a. O. II. 304) daher, dass mit dem Gebäude, wo die zu, den Römerzügen bereitgehaltenen Pferde ernährt wurden, 1505 das Schatzhaus verbunden ward. Zuvor bestand eine besondere Vermögeussteuer, aber nun wurde das eigentliche, von den Bürgern nach ihrem Vermögen für die Pferde zu entrichtende Stallgeld ein Zusatz zum Pferdezug (daher: Die Herren vom Stallzusatz) genannt, die Bürgersteuer jedoch Stallgeld. (Friese a. a. O. I. 250 fg.) Vgl. auch Consultation éventuelle etc. im St.-A. AA. 2150: «Stallgeld, étimologie qui dérive de son institution, de même qu'on appelle mois romain les sommes que les États de l'Empire payent au lieu et places de cavalerie etc.» Der Ausdruck ist infolge dessen für versteuern üblich. Es erscheint müssig, bei der augenfälligen Herkunft des Wortes nach anderem Ursprung desselben suchen zu wollen (Mone, Ztschr. f. Gesch. des Oberrheins Bd. 16, 1864. S. 179. Ludwig a. a. O. S. 251. Ebensogut könnte man die Ableitung von étalon, der Hengst, bevorzugen).

Die Steuer an sich war nicht drückend (Hermann a. a. O. I. 195), aber die Selbsteinschätzung, vermöge deren sie zusammenkam, zu unsicher. «Wen muss nicht Entsetzen überfallen, wenn er an die Menge der Meineide von allerlei Stand und Geschlecht denket? Man darf nur die Stallbücher durchlaufen, so wird er eine recht ärgerliche Ungleichheit des Ansatzes finden. Man weiss, dass 10, 20 und mehr Tausend Gulden reiche Personen ... oft so unverschämt sind, und nicht mehr als der ärmste Bürger geben.» (Mémoire a. d. J. 1775. St.-A. AA. 2150).

Dies ist überhaupt das Kennzeichen des Beginns der Revolution in den elsässischen Städten. Auch in den Beschwerdeheften der Städte Colmar und Schlettstadt, sowie des Distrikts Hagenau-Weissenburg,[1] deren ersteres im Namen der zehn alten Reichsstädte abgefasst ist, und die alle den Reichsständen unmittelbar vorgelegt wurden, beklagen sich die Bürger über den «Despotismus» der Magistrate und verlangen, diese fortan selbst erwählen zu dürfen. Da derartige Verhältnisse kleiner Gemeinwesen in Versailles keine eingehende Würdigung zu erwarten hatten, befand sich Strassburg, anscheinend wenigstens, in dem Vorteil, im gegenseitigen Entgegenkommen von Bürgerschaft und Obrigkeit einen befriedigenden Ausgleich erlangen zu können.

Am 22. April begann die gemeinsame Arbeit der Deputierten des Rats mit den Bürgerausschuss-Kommissaren.[2] Die ersteren standen unter dem Eindruck — den auch Gerard beim Lesen des Beschwerdenhefts erhalten hatte —, dass durchaus nicht alle Forderungen sich mit der Verfassung vereinbaren liessen.[3] Nicht berechtigt, selbständig zu entscheiden, berieten sie daher nur, Punkt um Punkt. Gleich die Eingangsworte des Verfassungs-Abschnittes hatten im Magistrat schwere Bedenken hervorgerufen, wo es hiess: «Die Deputierten werden die Vorstellung machen, dass ein unwidersprechliches Grundgesetz sei, dass die Konstitution der Stadt Strassburg ein Eigenthum der Gemeinde oder der Bürgerschaft ist unter der Autorität des Königs und dem Schutz des Staats». Man konnte sich über die Bedeutung des Begriffs Gemeinde nicht einigen. Ferner widersprachen die Deputierten selbstredend dem Artikel (II) über die Schöffenwahlen. Sie wollten eine Aenderung der Verfassungsformen überhaupt vermieden wissen, da die erste wohl andere nach sich ziehen könnte. «Allein, sagen sie in ihrem Bericht, die dermaligen Umstände und die in dem ganzen Königreich von der Nation und von der Regierung

---

[1] Vgl. Klélé a. a. O. S. 18.
[2] Vgl. «Bericht an die bürgerliche Repräsentanten von den 7 Kommissaren erstattet, den 2. Junius 1789», französisch bei Reuss, l'Als. S. 75 fg, und Protokoll der Räth und XXI. und der XVer, 1789. Besonders den Bericht der Deputierten des Magistrats Prot. R. u. XXI. Fo. 326.
[3] Vgl. den Brief St.-A. AA. 2001., vom 19. April.

selbt allgemein anerkannten Grundsätze von freier Wahl wahrer
Repräsentanten reden dem Begehren der hiesigen Bürgerschaft
so nachdrücklich das Wort, dass der mehrere Teil der Deputierten
bittet, den Bürgern einigen Anteil an der Wahl zu geben.»
Weniger der Grund als die Begründung dieses Wunsches der
Bürgerschaft erzeugte einen solchen ersten amtlichen Hinweis
auf eine Uebereinstimmung der Bestrebungen Strassburgs mit
der Nation, unter dem Einfluss der Bewegung jenseits der
Vogesen, die anfing mit leichten Wellenschlägen bis an den
Rhein herüberzudringen. Es waren soeben[1] die Nachrichten
von dem Aufruhr in der Antonsvorstadt eingetroffen, zu derselben
Zeit, wo sich die Abgeordneten des ganzen Reichs zum
Zusammentritt zu ihrem Werke rüsteten. So flossen die beiden
Bewegungen in einander.

Für die Kommissare, die erklärten, weder die XVer-Ordnung
noch das Stadtrechtbuch anzuerkennen, war der
Widerspruch, worin Artikel II vor allem zu der ersteren stand,
kein Grund zur Nachgiebigkeit. Dadurch wurde die
schwierigste Lage geschaffen, die durch weitere Gegensätze
noch unerfreulicher ward. Die Hinzuziehung jener 40 zur
Abänderung von Grundgesetzen beim ständigen Regiment erklärten
die Deputierten für unstatthaft. Artikel V wurde der
XVerkammer selbst zur Beratung überwiesen; die Forderung
der Metzger, den Fleischpreis erhöhen zu dürfen, abgelehnt,
von den Sieben aber aufrecht erhalten. In anderen Fragen
gaben die Deputierten möglichst weit nach. So ward z. B. ein
Preis auf den besten Vorschlag einer verbesserten Erhebung
des Stallgeldes ausgesetzt und den Schirmern sollte die
Handwerksgerechtigkeit zugestanden werden. «Wir haben»,
so schrieben die Repräsentanten an die Deputierten der Stadt
in Versailles,[2] Boden gewonnen; unsere Verhandlungen hatten
eine sehr günstige Wendung bekommen.» Am 25 Mai legten
die fünf Ratsdeputierten das Ergebnis vor. Sie gaben zu, dass
die meisten Punkte «auf das Herkommen bisher gegründeter
Anstalten abzwecken». Doch «erfordern einige allerdings eine
weit genauere Erwägung, ehe über dieselben eine bestimmte

---

[1] Vgl. Strassburger Priv. Ztg. 46, 49, 51, 53. Stück und Bulletin vom 4. Mai u. s. w.
[2] Vgl. Reuss, l'Als. S. 73.

Entscheidung gemacht werden könne.» Daher schlug der Ammeister vor,[1] das Ergebnis der Verhandlungen während eines Monats, also bis zum 25. Juni, zu jedes Ratsherrn Einsicht aufzulegen, und erst dann in der Beratung fortzufahren; die strittigen Punkte aber vor die zuständigen Stellen zu weisen, was mit den Artikeln II und V alsbald geschah. Die Sitzung vom 25. Mai war nach der Aussage der Repräsentanten so hitzig und lärmend «wie ein polnischer Reichstag» gewesen,[2] so dass sie hatte abgebrochen werden müssen. Ein grosser Teil des Magistrats hatte den unbefriedigenden Aufschub bekämpft. Er brachte, wie sie sagten, eine höchst gefahrdrohende Stimmung hervor. Aber die Mehrheit blieb dabei, und so wurde der Aufschub verordnet. Daraufhin antworteten die Sieben sehr bestimmt, sie haben den Bürgern Hoffnung gemacht, dass ihre Wünsche angenommen würden. Nun sei wohl die Monatsfrist vorbehalten worden, um desto gewisser nach deren Ablauf sämmtliche Gegenstände ihrer Wünsche auf einmal zu erledigen.[3] Auch die Repräsentanten, fügten sie mit einer geschickten Wendung hinzu, die mit ihren Folgen die ganze Angelegenheit in ein neues Stadium leitete, wollen die Frist benutzen, um den Bericht ihrer Kommittenten näher zu betrachten; auch haben sie von Zeit zu Zeit von den Deputierten in Versailles Nachricht zu empfangen, deren Mitteilung an die 126 wohl nur in einer Versammlung derselben geschehen könne, deren Erlaubnis sie nun vom Magistrat erbaten. Dieser kam in grosse Verlegenheit. Eine förmliche Versammlung der ehemaligen Repräsentanten konnte nicht gestattet werden. Man wählte daher, mit Widerstreben, einen Ausweg, indem man

---

[1] Strobel V, S. 292 verwirrend: «Der grosse Rat», statt Räth und XXI.
[2] Im Protokoll der Räth und XXI steht nur, dass die Sitzung vertagt wurde. Die Repräsentanten (Reuss a. a. O. S. 74) sagen am 28. Mai: «gestern» seien die Verhandlungen wieder aufgenommen worden. Auch dies scheint der Magistrat der Nachwelt, auf deren Einblick in die Protokolle mehrfach hingewiesen wird, vorenthalten zu haben. Von einer Sitzung am 27. Mai steht nichts im Protokoll.
[3] Reuss, l'Als. S. 76. Anm. sagt: «Le 28. Mai, malgré les réclamations des représentants elles furent ajournées au 25. juin.» Von diesen réclamations ist in den Protokollen nichts zu finden. Vgl. auch den Brief der Repr. vom 4. Juni (das. S. 99): «Les sentimens se sont unanimément réunis etc.»

zur Erleichterung einer Verständigung der Repräsentanten mit dem Siebener-Ausschuss Unterredungen in Gestalt von Privatversammlungen gestattete. Ueber den Briefwechsel aber ward stillschweigend weggegangen und derselbe in der Folge als Thatsache hingenommen.[1] Damit aber war der Magistrat mehr oder weniger zur Rolle des Abwartenden verurteilt. Die Abgeordneten nahmen augenscheinlich keinen Anstoss daran, denn sie legten ihren Kommittenten auf das genaueste Rechenschaft über ihre Thätigkeit und die Vorkommnisse besonders in Versailles ab.

III.

Die Deputierten bei der Eröffnung der Reichsstände. Weitere Verhandlungen über das Beschwerdenheft und über die Einsetzung eines Kommissars. — Dietrich und Klinglin.

Am 26. April hatten sich Türckheim und Schwendt von Paris nach Versailles begeben, wo sie erfuhren, dass die Eröffnung der Reichsstände um acht Tage verschoben worden war. Zunächst sannen sie darauf, auch äusserlich die besondere Stellung Strassburgs zu bewahren und in ihrer heimatlichen Amtstracht zu erscheinen. Doch mussten sie sich trotz ihrer Vorstellungen[2] der Verordnung, dass alle Abgeordneten des dritten Standes dasselbe Gewand zu tragen haben, fügen. Dieser Abweisung folgte ein Missgeschick, das wie ein kalter Wasserstrahl auf die von Liebe zum Vaterland, d. h. zur Stadt Strassburg, glühenden Abgeordneten wirken musste, und das belustigend wäre, hätte es nicht eine politische Seite gehabt, durch deren Behandlung die ganze Rechtsunsicherheit des Vertrags von 1681 und damit der Stellung der Stadt zu Frankreich gekennzeichnet wird.

---

[1] Der erste Brief (vgl. Reuss, l'Als. S. 70 fg.) ist vom 18. Mai. Bereits am 28. wurde er beantwortet. Der Briefwechsel war also, als die Repräsentanten um die Erlaubnis baten, bereits begonnen.

[2] Vgl. den Brief der Deputierten vom 9. Mai, Prot. der XIIIer Kammer. zum grössten Teile abgedruckt im Anhang Nr. 4.

Es war verordnet worden, dass die Vertreter des dritten Standes bei der feierlichen Vorstellung nach der Zeitfolge des Anschlusses ihrer Provinzen an Frankreich aufeinander folgen sollten. Anfangs war Strassburg auf Grund seiner Kapitulation (1681) nach Franche Comté und Flandern (1678) eingereiht worden; das Bureau aber ordnete es gemäss dem westfälischen Frieden in das Jahr 1648. Es versäumte jedoch nicht nur, Strassburg an dieser Stelle oder überhaupt auf der Liste anzumerken, sondern auch die Abgeordneten vor der Feier von der beabsichtigten Aenderung zu benachrichtigen, so dass sie sich unerwartet ohne Platz sahen. Schnell gefasst, und um die Hauptstadt des Elsass nicht hinter den anderen Gemeinden der Provinz erscheinen zu lassen, wo man sie nunmehr einreihen wollte, liessen sie die Abgeordneten der vor 1681 mit Frankreich vereinigten Landschaften an sich vorüberziehen und traten aus eigenem Entschluss an die ihnen zu anfang angewiesene Stelle, vor Lothringen.

Danach beeilten sie sich, am Bureau Einspruch zu erheben, was ihnen aber nichts half. Sie sandten daher den Entwurf eines ausführlichen Protestes an den Magistrat,[1] worin sie die Stellung Strassburgs als Provinzialhauptstadt geltend machten. Der Magistrat hielt an diesem Vorrang fest, aber das Zugeständnis, das die Deputierten zu machen bereit waren, dass Strassburg schon 1648 unter die Oberhoheit Frankreichs gekommen sei, erkannte er nicht an. «Die Meinung des Bureaus» heisst es in dem interessanten Antwortschreiben,[2] «braucht nicht die unsrige zu werden, nachdem wir mehr als ein Jahrhundert eine entgegengesetzte Ueberzeugung gehabt haben.» Aber infolge der Abstimmung von Adel und Geistlichkeit der Stadt in Hagenau, wurde sie als ein Teil dieses Distrikts betrachtet,[3] und auch Gerard hielt für gut, dass der dritte Stand des Elsass eine geschlossene Vereinigung darstelle.[4] Daher drang der

---

[1] Vgl. Anhang Nr. 4. u. 6. Der Artikel «teneatur» bei Du Mont, J., Corps Universel Diplomatique. Amsterdam, 1728. Band VI. Teil 1. S. 457. (Artikel XII, § 87) und bei Stupfel, a. a. O. S. 18. Vgl. auch Häusser, Deutsche Geschichte etc. I. 275. Anm. 2.
[2] Vgl. Anhang 7 u. 9.
[3] Vgl. den Brief der Deputierten vom 13. Mai, St.-A. AA. 2003; teilweise im Anhang Nr. 8.
[4] Vgl. Prot. der R. und XXI. vom 28. Mai und vom 3. Juni.

Magistrat in dieser «dornigen Frage über die Ausdehnung des
Elsass» nicht durch, und hatte fortan seine Kapitulation politisch
nur als «zweite Sicherheit» nächst den Verträgen von Münster
Frankreich gegenüber zu betrachten, und wer als Knabe im
Jahre 1781 die hundertjährige Vereinigung Strassburgs mit
Frankreich gefeiert, konnte hoffen, das zweihundertjährige
Jubelfest als fünfundsiebzig- oder achtzigjähriger Greis im Jahre
1848 zu begehen.

Zu dieser Niederlage kam die ungünstige Stimmung in der
Stadt nach dem Entscheid vom 25. Mai. Durch die lebhaften
Berichte der Deputierten war ausserdem die Versailler Ver-
sammlung in lebendigere Nähe gerückt, was nicht nur allgemeine Spannung verursachte, sondern auch das Selbstbewusst-
sein der Bürger in der Hoffnung hob, durch das Wohlwollen
der Deputierten, auch ohne den Magistrat, zu den ersehnten
Zielen zu gelangen. Ausserdem aber befürchtete man, der
Aufschub der Verhandlungen möchte den Anfang des gänzlichen
Schlusses derselben bedeuten, und so geschah es, dass in der
Versammlung der Repräsentanten am 2. Juni, wo man die verlangte Frist in halbunwilligem Zugeständnis über sich ergehen
liess, Stimmen laut wurden, die eine Beschleunigung durch
Druck von höherer Stelle herbeizuführen wünschten.

Die Repräsentanten berichteten darüber an die Deputierten,
ohne selbst die Wirkung ihres Briefs zu ahnen. Die Deputierten waren nämlich,[1] sehr bestürzt über die Folgen des
Ausgangs der Verhandlungen, zu Puységur gegangen und
hatten ihm in einer Note[2] die schlimme Lage Strassburgs dar-
gethan. Sie stellten ihm die Notwendigkeit der Absendung
eines königlichen Kommissars an Stelle des erkrankten
Prätors vor, und der Minister versprach dessen Ernennung.
So beruhigend dies für die Bürger war, so peinlich und be-
denklich berührte es den Magistrat. In den schärfsten Aus-
drücken tadelte er das selbständige und voreilige Vorgehen
Türckheim's und Schwendt's. Auch der Ton ihres Schreibens
hatte den Magistrat höchst empfindlich berührt. «Der eine von

---

[1] Vgl Reuss, l'Als. S. 100, und Schreiben der Deputierten vom
8. Juni. Vgl. Prot. der Räth und XXI. Fo. 373 fg.
[2] Vgl. Reuss l'Als. S. 103.

ihnen,» rufen sie aus,[1] «der uns in diesem Stil nach so wenig gemässigten Grundsätzen schreibt, ist ein Mitglied unseres Staatskörpers, der mit uns jährlich einen Eid der Treue gegen unsere Verfassung erneuert hat!» — Geben sie hier ihrer Entrüstung Ausdruck, so macht das Schreiben der Ratsherren doch auch den Eindruck völliger Hilflosigkeit. In einen wahren Verzweiflungsschrei klingt es aus: «Die Krankheit des königlichen Prätors . . . lässt uns völlig vereinsamt, hundert Meilen weit vom Thron und den Ministern Seiner Majestät.» Der Magistrat wusste nicht einmal, ob die gegnerische Stellung der Deputierten auf deren eigener Anschauung oder auf einer Beeinflussung von Seiten der Repräsentanten beruhte. Denn auf eine Befragung, erhielt der Magistrat nur die Antwort, das Vorgehen der Deputierten sei von den Repräsentanten einstimmig «gebilligt» worden.[2]

Der Magistrat hat daher innigst um die Erlaubnis, zu mündlicher Erklärung der Verhältnisse ein adeliges und ein bürgerliches Ratsmitglied an den Hof absenden zu dürfen.[3]

In Beziehung auf die Beschwerden hatten sich die Deputierten möglichster Unparteilichkeit befleissigt, und die heiklen Artikel dem Entgegenkommen des Magistrats empfohlen. Am 25. Juni unterbreiteten die XVer diesem einen Bedacht,[4] worin sie erklärten, dass die adeligen Mitglieder des Magistrats bei einer Verfassungsänderung hätten befragt werden müssen, und dass die Repräsentanten überhaupt zu solcher Forderung gar nicht befugt seien. In diesem Sinne wurden die umstrittenen Artikel abgelehnt.[5] Nur der Zurückführung ihrer Gewalt auf die ursprüngliche Ausdehnung und der Verweisung aller die

---

[1] Vgl. Anhang Nr. 10.
[2] Thatsächlich herrschte unter den Repräsentanten selbst keine Uebereinstimmung. — Vgl. auch Arrêté etc. bei Reuss, l'Als. S. 109, sowie Protokoll der R. u. XXI. vom 2. Juli.
[3] Welchen Aufruhr die Angelegenheit verursachte, geht daraus hervor, dass der Magistrat ein kurzes, gleichlautendes Schreiben je an Necker, Barentin und Montmorin sandte (Prot. der Räth und XXI. Fo. 400 fg), damit diese sich bei Puységur für ihn verwenden möchten. — Gerard war nicht mehr in Paris und de Crolbois trat als Vermittler zwischen der Stadt und den Ministern ein.
[4] Vgl. auch XVer Prot. vom 22. Juni
[5] Am 3. Juli wurden von den Räth u. XXI. §§ 4. u. 7. des Verfassungsabschnitts verschoben, § 2. abgelehnt.

Gesetzgebung betreffenden Gegenstände vor die Räth u. XXIer stimmten die XVer zu, d. h. sie begaben sich des Rechts «zu mehren und zu mindern».

Nach einer stürmischen Versammlung wurde im Rat «erkannt, dass die in dem Bedacht enthaltenen Punkte zur endlichen Entscheidung auszusetzen» seien. Die übrigen Dikasterien hatten sich noch nicht über die ihnen zugewiesenen Artikel geäussert, und so war thatsächlich ein *délai* entstanden, wovon die Deputierten seinerzeit zur Entrüstung des Magistrats vorahnend gesprochen hatten. Wenn dieser sich auch, unter dem Druck der öffentlichen Meinung, bemühte, «womöglich, seiner Meinung nach, die zum Wohl der Gemeinde erforderliche Erhaltung der Vorrechte des Magistrats mit den billigen Wünschen der Bürger zu vereinbaren,»[1] so ist es doch nicht eben rühmenswert, dass am 20. Juli die Einzelberatungen noch nicht abgeschlossen waren.[2] Noch am 18. stritt man sich über «den Herzenswunsch der Bürger,» die Form der Schöffenwahl herum. Alle Vermittelungsversuche des bürgerlich gesinnten Generaladvokaten Fischer scheiterten.[3]

Die Verzögerung ist um so auffallender, als seit dem 6. der am 28. Juni thatsächlich vom Minister ernannte königliche Kommissar an den Beratungen teil nahm.[4]

Es war Philipp Friedrich von Dietrich (geboren 1748 in Strassburg), der Sohn des alten, verehrten Stättmeisters honorarius Johann von Dietrich.[5] Der Jubel unter den Bürgern war gross. Goldene Tage schienen gekommen. Aus Frankreich waren die Nachrichten von den berühmten Junisitzungen eingetroffen; das Ende der Leiden des dritten Standes wurde be-

---

[1] Strobel V. S. 297.
[2] Vgl. darüber das. V. S. 296.
[3] Man nannte ihn damals den Necker von Strassburg.
[4] Vgl. Reuss, l'Als. etc. S. 119 fg. und im Anhang Nr. 11.
[5] Vgl. über diesen Muller a. a. O. S. 63. Die Bemerkung «à la demande du ministre de Choiseul, Stettmeister honorarius» dürfte nach der «Genötigten Erläuterung» Dietrich's (Schöffenmemorial vom 15. Dezember, Fo. 43:)) irrig sein. Dennoch war er nach seiner Erhebung in den Adelsstand, was ihn vom Ammeisterposten ausschloss, und da schon vier Stättmeister vorhanden waren, auf Antrag des Magistrats, der sich seines Rats zu erfreuen wünschte, zum überzähligen St. h. ernannt worden. Ueber Philipp Friedrich vgl. vor allem Spach a. a. O., und auch Sybel, a. a. O., I. S. 338.

grüsst. «Niemals kommt ein Glück ohne das andere», hatten die Deputierten in ihrem begeisterten Bericht gesagt.[1] Nun schien in Strassburg die Macht der Oligarchie gebrochen. Aber auch im Magistrat mochte es Leute geben, die gegen die Wahl des jüngeren Dietrich nichts einzuwenden hatten.[2] Seine Ernennung war von mehr als augenblicklicher Bedeutung. Er hatte, ehe er nach Paris übersiedelte, bereits dem grossen Rat angehört, und konnte daher von vornherein als Mitglied des Magistrats gelten. Hier hatte man ihn in der Zwischenzeit nicht aus den Augen verloren. Er war schon längst der Kandidat für den Posten des Prätors, falls Gerard, den er nun zunächst vertrat, abdanken sollte.[3] Man hatte nicht nur zur Zeit der Deputiertenwahl an ihn gedacht. Schon am 24. Februar hatte er sich genötigt gesehen,[4] dem Magistrat zu schreiben, es seien grundlose Gerüchte verbreitet, als ob er mit Gerard über dessen Stelle verhandelte. Das, so sagte er, werde er nicht thun, ehe ihm nicht die Gewissheit geworden, dass der Magistrat diesen Schritt gern sähe. Dann aber werde er alles daran setzen, damit kein über die Einrichtungen der Stadt ungenügend unterrichteter Mann an Gerard's Platz komme. Der Magistrat antwortete: wenn jene Gerüchte wahr wären, würde es in dieser kritischen Zeit zum Trost gereichen; denn ihn ziehen sie jedem anderen vor. Diese höfliche Antwort hat Dietrich eilig aufgegriffen. Am 9. März schrieb er zurück, er werde Herrn de Reyneval, Gerard's Bruder,[5] augenscheinlich seinen Nebenbuhler, in Kenntnis davon setzen, dass er zufolge der Hochachtungsbezeugungen des Magistrats auf das Feierlichste verpflichtet worden sei, der Nachfolger Gerard's zu werden. Damals schon war die Berufung Dietrichs eine abgemachte Sache. Der Gouverneur Stainville, der Kommandant Marschall Contades und Necker hatten sich für ihn beim Kriegsminister ver-

---

[1] An die Repräsentanten. Vgl. Reuss. l'Als. S. 115 fg.
[2] Vgl. Spach, Ph. F. de Dietrich etc. a. a O. S. 497.
[3] Vgl. Gräuel u. s. w. a. a. O. 31 fg. In diesem Falle hat der Verfasser sichere Kunde gehabt.
[4] Durch Türckheim. Vgl. «Gräuel» S. 32. Vgl. ferner die Briefe St.-A. AA. 2526. — Vgl. auch Dietrichs eigentümliche Geschäftigkeit der Stadt zu gefallen, Anhang Nr. 1.
[5] Vgl. Pfannenschmid a. a. O. S. 74.

wandt. Und das alles, während Gerard [1] noch nicht daran dachte, seine Entlassung einzureichen! Vielmehr ersuchte er in einem bedeutsamen und für den Magistrat jedenfalls sehr peinlichen Schreiben die Zusicherung, die man Dietrich gewährt, als nicht gegeben zu betrachten, und rief durch einen ähnlichen, scharfen Brief an Dietrich selbst im Staatsrat, bis wohin die Sache schon gekommen war, das grösste Erstaunen hervor, so dass die Angelegenheit zunächst nicht weiter vorgeleitet ward. Dennoch scheinen Ende Juni über den Kopf des verdienstvollen Mannes hinweg die letzten Verhandlungen geführt worden zu sein.[2] Es ist nicht ausgeschlossen, dass Türckheim selbst Dietrich als den richtigen Mann vorgeschlagen hat.

Wir haben das Vorspiel zu seiner Ernennung deshalb eingehender verfolgt, weil es weniger zu Gunsten des neuen Kommissars spricht, der eine so bedeutende Person in der Revolution geworden ist, als das abstrakte Lob, das ihm vielfach, besonders von Spach und Scheube,[3] als einem streng rechtlichen, uneigennützigen Mann von seltenem Seelenadel gespendet wird. Es sind sehr widersprechende Urteile über ihn gefällt worden. Das aber steht fest, dass sein Ehrgeiz keine Schranken kannte. Und dass zur Befriedigung desselben ihm nicht nur seine Klugheit diente, sondern dass er auch bei seinen Mitteln nicht immer wählerisch war, beweist sein oben geschildertes Vorgehen, das niemand ehrlich nennen wird. Er verstand sich vorzüglich darauf, jedermann gerecht zu werden, und es doch mit keinem zu verderben. Zu dem amtlichen Vermittelungsauftrag kamen für ihn persönliche Momente, die ihn aufforderten, mit diplomatischer Vorsicht seinen Mitbürgern gegenüber aufzutreten.

Genau genommen war Dietrich übrigens n i c h t als Stellvertreter des Prätors zu betrachten, da er wohl die Verwaltungsbehörden der Stadt und die protestantische Universität zu beaufsichtigen, nicht aber die richterlichen Befugnisse des Prätors

---

[1] Vgl. seinen Brief an den Magistrat vom 10. März 1789. St.-A. AA. 2526.
[2] Vgl. den Brief Puységurs an Gerard vom 30. Juni, Anhang Nr. 12
[3] Spach, Fréd. de Dietrich etc. a. a. O. S. 551. — Scheube, G., deutsche Art und deutscher Geist im Elsass, Berlin 1872. S. 341 fg. Auch Pfannenschmid. a. a. O. S. 134 nennt ihn einen «edlen» Mann.

zu erfüllen hatte.[1] Fortan wohnte er den Versammlungen über die Beschwerden stets bei, und hatte ausserdem bald nach seiner feierlichen Einführung in das Amt[2] Gelegenheit, den Magistrat von einem sehr unklugen Schritt abzuhalten.

Der Rat fühlte sich durch die Ernennung eines Kommissars im Innersten verletzt, und wollte die schon früher beabsichtigte Abordnung an den Hof nunmehr durchsetzen, zur Verteidigung seiner guten Absichten gegen die «empfindlichen Verläumdungen», die man gegen ihn ausgestreut, trotzdem Puységur das Recht einer solchen Abordnung bestritt.[3] Dietrich aber brachte es dahin, dass der Magistrat sein Vorhaben aufgab, das den Minister notwendig unliebsam berühren musste. Zugleich ergriff er die Gelegenheit (11. Juli), feierlichst zu versichern, dass er die Verfassung mit allen Kräften verteidigen werde, falls man sie angreife.[4]

Zunächst aber hatte er genug zu thun, seines eigentlichen Amts zu walten, und einen Ausbruch der Leidenschaften zu verhüten. In wahrhaft feindlicher Stimmung standen die Repräsentanten zu jener Zeit dem Magistrat gegenüber. Zu der Erbitterung über seine Langsamkeit kamen natürliche Umstände, wodurch die Lage sich verschlimmerte. Die Teuerung verstimmte immer mehr und mehr gegen Octroi und Accise. Nachdem das Viertel Weizen im Februar bereits auf 18 Livres 6 Sous gestanden, betrug der Preis jetzt 22 Livres. Aber der Magistrat weigerte sich, den Zuschlag zu verringern.

Da nahm sich ein Mann von grossem Einfluss der Bittenden an, und drang in den Magistrat, ihnen zu willfahren, der Königslieutnant Ludwig von K l i n g l i n (geboren 1740).[5] Seit

---

[1] Vgl. sein Ernennungsdekret bei Reuss, l'Als. S. 119.
[2] Vgl. das Nähere bei Strobel. V. S. 297 fg.
[3] Vgl. Strobel V S. 302. fg.
[4] Dennoch dürfte Spach das richtige getroffen haben, wenn er (a. a. O. S. 496) sagt: «M. de Dietrich partait de Paris avec la ferme intention de concilier autant qu'il le pourrait ces prétentions opposées de sauver, pour sa ville natale, quelques unes de ces anciennes franchises et de la décider à des sacrifices indispensables». — Noch weiter geht Scheube a. a. O. S. 344. — Nicht zustimmen kann ich Spach l. c. «Peut-être aussi F. de Dietrich» etc.
[5] Vgl. Rathgeber, Strassburger Post vom 21. Juli 1889. Nr. 200. — Danach ist Friese's Bemerkung (a. a. O. IV. S. 125) Klinglin sei i. J. 1758 ein neunjähriger Knabe gewesen unrichtig.

dem Tode des Marschalls von Stainville am 2. Juni hatte er
den Oberbefehl in der Stadt, bis ihn am 18. Juli der aus dem
nordamerikanischen Kriege allgemein bekannte, 74jährige Graf
von Rochambeau[1] als Kommandant der Provinz ablöste. Die
Thatsache, dass Klinglin sich der unzufriedenen Handwerker
annahm, besonders auch der Metzger, deren Prozess wegen des
abgebrannten Unschlittmagazins noch in Paris anhängig war,[2]
ist wegen des Aufruhrs, der in Strassburg ausbrach, ebenso beachtenswert, wie der Umstand, dass er der Enkel des berüchtigten Prätors Franz Joseph von Klinglin war,[3] der in den
50er Jahren durch grosse Veruntreuungen den Magistrat in
nachhaltige Verlegenheit gebracht und einen aufregenden und
langwierigen Prozess veranlasst hatte, worin auch sein Sohn,
des Königlieutnants Vater (gestorben 1756), als Mitschuldiger
verwickelt worden war.

Im Jahre 1752 war zunächst ein Mitglied des Parlaments
zu Besançon in Strassburg erschienen, um dem König über
den Aufsehen erregenden Vorfall Bericht zu erstatten.[4] Im Sommer
desselben Jahres war der Prozess sodann dem Parlament zu
Grenoble übergeben und Klinglin's Vater dorthin gebracht worden.[5]
Es ist begreiflich, dass Ludwig von Klinglin, dem so der Vater
entrissen wurde, und der im Bewusstsein aufwuchs, dass durch
den Prozess der Ruf seiner Familie auf's schwerste geschädigt
worden, dem Magistrat nicht wohlgeneigt war. Er verbarg es
keineswegs, und liess es an Anfeindungen nicht fehlen, die den

---

[1] Engelhardt nennt ihn öfters «Marschall». Diesen Titel erhielt
er jedoch erst 1792. Vgl. Sybel, a. a. O. I. S. 339.
[2] Es sei hier gestattet, Reuss zu ergänzen (l'Als. S. 281). Das
in Schwendt's Brief erwähnte règlement de 1776, das Reuss unerklärt lässt, findet sich im Stadt-Archiv AA. 2104 dem Inhalt nach
erläutert.
[3] Aufschlager, a. a. O. I. S. 305 irrig: «Der Sohn». Wenigstens muss als «der berüchtigte» Prätor sein Grossvater gelten. Auch
Spach, F. de Dietrich etc. a. a. O. S. 500 sagt verwirrend «le fils».
[4] Vgl. Protokoll der 3 Geheimen Stuben 1751/52 Fo. 120,
u. R. u. XXI. 1752 Fo. 16 fg. u. a.
[5] Vgl. die Abschrift der diesbezüglichen kgl Verordnung vom
28. Juni 1752 AA. 2539. Hermann a. a. O. I. 110, Spach a. a. O.
geben richtig Grenoble an. Friese, a. a. O. IV. ist in bez. auf Besançon etwas undeutlich. Engelhardt (bei Strobel a. a. O. V. S.
328 Anm. 2) sagt unrichtig, der Prozess sei in Besançon anhängig
gewesen Ihm folgt Reuss, Revue d'Alsace, 6me année 1877, S. 44.

Rat bei Hof in ein schlechtes Licht stellen mussten. So tobte Ende 1788 und Anfang 1789 ein förmlicher Kampf zwischen dem Magistrat und dem Königslieutnant, welch letzterer sich ausserordentlich anmassend in die Befugnisse der Brandpolizei gemischt hatte, und dem Widerspruch der Ratsherren zugleich in höhnischem und herrischem Ton begegnet war.[1] Der Gouverneur von Stainville hatte ungeachtet einer königlichen Verordnung von 1691, die dem Magistrat volle Ausübung der Polizeigewalt zusprach, gegen Gerard und den Magistrat Partei genommen, und man wollte sich bereits an den Minister, ja an den König wenden, als Klinglin selbst die Beilegung der Sache in einer persönlichen Unterredung mit dem Ammeister Lemp herbeiführte,[2] allerdings mit dem Ergebnis, dass der Magistrat Sieger blieb. Es wurde sogar amtlich ausgesprochen, dass Klinglin in seinem Eifer entschieden zu weit gegangen sei. Dies trug natürlich nicht dazu bei, seine Abneigung gegen den Magistrat zu mildern, und man braucht Eifersucht gegen die Beliebtheit Dietrichs gar nicht anzunehmen,[3] um sich zu erklären, warum er gerade die unzufriedensten Elemente der Zünfte beschützte. Dass er als Offizier sich deren Klagen annahm wäre nicht zu auffallend, da auch schon im Juli, wie es später geschah, die Soldaten selbst einen nicht unbedeutenden Einfluss auf die Bestimmung der Höhe der Taxen ausgeübt haben mochten, käme nicht dazu seine Gunst bei den Schirmern, die ihn als Repräsentanten gewählt hatten.[4] Die Zuneigung der unteren Klassen ist um so merkwürdiger, wenn man seinen Namen und seine Herkunft bedenkt, die unter

---

[1] Vgl. St.-A. AA. 2511 und 2608. Klinglin hatte sich auch das Recht angemasst, das an die Garnison «freiwillig» vom Magistrat gelieferte Holz zu messen.
[2] Vgl. XIIIer Prot. 1789. Fo. 62.
[3] Spach, F. de Dietrich etc. a. a. O. S. 500.
[4] Auf der Kaiserlichen Bibliothek in Strassburg finden sich (Barack's Katalog der Handschriften 1896 Nr. 207) ff. Verse auf Klinglin, aus dem Frühjahr:
«Le vœu d'un peuple entier est un arrêt suprême
D'une voix unanime, il te nomme Electeur.
Mais ce seroit helas trop peu pour son bonheur —
Si parmi les élus, tu n'es élu toi-même.
Au cri du malheureux tu te laisse attendrir
Toujours bon, toujours juste et jamais trop sévère.
Le Tiers pour son appui pouvoit-il mieux choisir?
Le recours des enfans est au sien de leur père »

gewöhnlichen Verhältnissen für den Durchschnittsbürger gewiss
eher ein Grund gewesen wären ihn zu meiden, als ihm sich
anzuvertrauen. Man wird daher wohl nicht umhin können,
mit Spach zu sagen, dass er die Leidenschaften der Bevölkerung
nährte. Führte er Böses gegen den Magistrat im Schilde, so war
seine Zeit gekommen. In Strassburg lernte man eben die
Forderungen der Menschenrechte kennen, die Lafayette am
11. Juli aufgestellt hatte, und an demselben Tage war Necker
entlassen worden; die Bastille war gefallen, aber der Sturm
hatte mit Versöhnung zwischen König und Volk geendet.
50 000 Menschen, so berichteten die Deputierten,[1] hatten in
Paris gerufen: «Es lebe der König!», schluchzend und jubelnd
zugleich. In der Begeisterung, so erfuhr man, war die ganze
Hauptstadt illuminiert worden. Diese Neuigkeiten ergriffen die
Bürger mächtig, und auch Strassburg entzog sich der allgemeinen
Freude nicht; nicht minder allerdings wurde so der
Trieb unterstützt, dessen dunkle Kräfte sich bereits regten,
auch hier, an der städtischen Gewalt, Rache zu üben.[2]

IV. Die Unruhen vom 18.—21. Juli.

Es ist begreiflich, dass ein Aufstand, der Eigentum und
Leben der Bürger und die Sicherheit einer ganzen Stadt gefährdet,
besonders wenn so auffallende Umstände hinzutreten, wie es in
Strassburg der Fall war, von Augenzeugen als ein grosses
Ereignis in ihrem Leben betrachtet und darzustellen versucht
wird. Es kann dabei aber nicht fehlen, dass, wenn nicht
geradezu Widersprüche, so doch allerhand Ungenauigkeiten mit
unterlaufen, die z. Tl. aus mangelhafter Beobachtung und Unkenntnis,
z. Tl. aus Parteilichkeit entstehen. Daher erklärt es

---

[1] Vgl. den Brief der Deputierten an die Repräsentanten bei
Reuss, l'Als. S. 123 fg., und Anhang Nr. 13.
[2] Es ist hervorzuheben, dass schon in der zweiten Juliwoche
der Magistrat von den Repräsentanten ernstlich auf die Misstimmung
in der Bürgerschaft aufmerksam gemacht worden war. Es wurde ihm
mitgeteilt «dass bei länger ausbleibender Abschliessung (der Beratungen
über die Beschwerden unangenehme Auftritte zu besorgen sind». —
(St.-A. AA. 2002. Ohne Datum, aber bald nach dem 5. Juli).

sich, dass selbst die Nachrichten der zumeist Beteiligten oft, wie z. B. beim Sturm auf die Bastille, fehlerhaft sind. Vor allem aber ist über die Ursachen solch plötzlicher Erhebungen in der Regel wenig zu ermitteln. Entweder entstehen sie durch die Treibereien bezahlter Kreaturen, deren geheimer Anhang alsbald so rasch wächst, dass ihre persönliche Wirksamkeit sich unauffällig vervielfachend einerseits die bei solchen Geschehnissen auftauchenden unheimlichen, fremden Gesellen gewinnt, andrerseits gleich einer selbständigen allgemeinen Bewegung sich durch die Masse des unzufriedenen Volkes fortpflanzt und verbreitert, so dass am Ende Keiner als der Anstifter zu gelten hat, wenn die wenigen, Erkauften, schweigen. Oder aber sie entstehen durch falsche Gerüchte, die in der erhitzten Einbildungskraft, aus Missverständnissen oder Befürchtungen erwachsen, zu Thatsachen werden, und deren Gehalt, — durch die Verbreitung von Mund zu Mund oft gänzlich verändert, — dann einen plötzlichen Ausbruch der vielleicht schon wieder beruhigten Volksleidenschaft zur Folge hat. Auch die Nachrichten über die Strassburger Wirren leiden unter diesen Schwierigkeiten. Die angestellten weiteren Nachforschungen haben nur eine Erweiterung des Materials, besonders eine Ergänzung der bisher ausführlichsten Darstellung, derjenigen Engelhardts, geboten, die offenen Fragen aber nicht zu beantworten vermocht, und die bestehenden Vermutungen nur teilweise zur Gewissheit gemacht.

Ehe wir jedoch die Ereignisse an der Hand der benützten Berichte schildern, möchte es zweckmässig sein, diese selbst kurz zu besprechen, um desto sicherer Thatsachen von Gerüchten, das Glaubwürdige vom Unglaubwürdigen zu unterscheiden.

Quellen.

I. Amtliche, handschriftliche Nachrichten.

Es sind deren sechs vorhanden.

1. Der Bericht der Repräsentanten an die Deputierten in Versailles über die Ereignisse vom 19.—21. Juli.[1]

---

[1] (Abschrift St.-A. AA. 2003). Er war Engelhardt bekannt. Er ist französich abgefasst, und zwar vom 31. Juli, wie Engelhardt (a.

Er zeigt besonders deutlich, wie hartnäckig der Magistrat noch angesichts der Drohungen der Bevölkerung seine althergebrachten Rechte verteidigte und giebt eine anschauliche Schilderung von der wachsenden Erregung der Gemüter. Doch verschweigt er das für die Bürger Nachteilige: die Demonstration vor der Pfalz am Morgen des 20., und die Drohungen der Repräsentanten, falls das Beschwerdenheft nicht angenommen werde. In Beziehung auf die Zuverlässigkeit der Wiedergabe der Thatsachen ist zu bemerken, dass leider die auch sonst unsicheren Angaben über das Schlagen des Generalmarsches am Nachmittag des 21. hier gänzlich verwirrt erscheinen. Die Repräsentanten verlegen es auf 6 Uhr Abends, «kurz nachdem» die Truppen vor der Pfalz eingetroffen waren und lassen sich jene darauf zurückziehen, während dennoch nachher bei der weiter laufenden Schilderung beim Sturm auf die Pfalz, der schon etwa um drei Uhr Nachmittags begann, die Soldaten, der Wahrheit gemäss, als auf dem Gärtnersmarkt (Gutenbergplatz) anwesend, wiederholt erwähnt werden; vgl. u. II. 2.

2. Der im Protokoll der Räth und XXI (Fo. 557) vorhandene Entwurf des Sekretärs Metz über den 20. Juli. Er stimmt mit dem vorigen überein, doch verschweigt er umgekehrt im Einzelnen die Versuche des Magistrats, die verfassungswidrigen Artikel zu retten. Dagegen enthält er ?im Wortlaut die Drohungen der Repräsentanten, wodurch der Magistrat schliesslich zum Nachgeben bewogen ward, und die in I. 1. fehlen. Für die Vorgänge ausserhalb der Ratsstuben kommt er wenig in Betracht. Dasselbe gilt von den beiden folgenden Berichten.

3. Die hastig und in abgerissenen Sätzen, halb deutsch, halb französisch geschriebenen Rapiarien der Sitzungen der

---

a. O. V. 325. Anm. 2) richtig sagt. Der jener Abschrift vorangestellte Titel lautet: «Relation faite par les représentans aux députés de la ville de Strasbourg à l'assemblée des Etats-généraux de France de ce qui s'est passé du 19. au 21. juillet 1789.» Engelhardt führt ihn folgendermassen an: «Relation faite par la commission des représentans de la commune» etc. Nach Reuss, «Le sac de l'hôtel de ville de Strasbourg» (Revue d'Alsace, 6me année. 1877. S. 43 fg.) der diesen Bericht, mit Anmerkungen versehen, hier wiedergiebt, ist es ein und derselbe Bericht. — Reuss hat ihn unter der Ueberschrift: «Lettre des représentants de la bourgeoisie aux députés de Strasbourg, à Versailles,» in L'Alsace etc. S. 127 fg. abermals abgedruckt, jedoch mit dem irrigen Datum: «28. juillet.»

Räth und XXI, in zwei Niederschriften. — Besonders von den Sitzungen am Nachmittag des 20. und am Morgen des 21. geben sie ein anschauliches Bild, und zeigen die Unsicherheit, die schon damals bezüglich der Truppen herrschte.

4. Ein ebensolches, kürzeres R a p i a r i u m der XIII er K a m m e r vom 20. Juli, das von den Beratungen über die Verteilung grüner Kokarden und einer aufregenden Zeitung («Gazette des Herrn Saltzmann»), und ebenfalls von der Unsicherheit bezüglich der Soldaten spricht.

5. Ein auf dem K a r l s r u h e r A r c h i v (B a d e n, P o l i z e i s a c h e, 1789. Pars. I.) befindliches, am 26. Juli über einen aus Strassburg entflohenen und in Kehl verhafteten Teilnehmer am Pfalzsturm, daselbst aufgenommenes P r o t o k o l l, das Aeusserungen über die Aufreizung des Verhafteten zum Angriff auf den Magistrat enthält.

6. Die Schilderung des Philipp Jakob R ü h l, des Sohnes eines Predigers im Elsass, der in fürstlich leiningische Dienste getreten war, und von Strassburg aus, wo er seit 1771 wieder seinen Wohnsitz hatte, mit dem Titel eines Geheimrats die Dagsburger Herrschaft verwaltete. — Er ward eine nicht unbedeutende Persönlichkeit der Revolution.[1]

In unserem Zeitabschnitt tritt er noch wenig hervor. Seine Nachrichten entnehmen wir den im Strassburger Bezirksarchiv aufbewahrten Protokollen über die Dagsburgischen Regierungsgeschäfte, die er allwöchentlich an seinen Fürsten schickte.[2]

---

[1] Vgl. über ihn E. B a r t h, a. a. O. Revue d'Alsace 1881 S. 556 fg. Irrtümlich als M. Philippe angeführt. — Vgl. auch S t r o b e l V. S. 519 und 532, Anm. 2. Er wurde 1789 procureur fiscal beim Grossen Rat in Strassburg, 1790 Mitglied der Verwaltung des Niederrheins, 1791 des provisorischen Direktoriums daselbst und Abgeordneter Strassburgs bei der gesetzgebenden Versammlung. Er war es, der die Verbringung Dietrichs nach Paris (1792) veranlasste. Dann war er Abgeordneter der Stadt beim Convent und 1793 dessen Commissär am Rhein. Als solcher löste er die Munizipalität Strassburgs auf. Er gehörte zur Bergpartei, ward jedoch von den Strassburger Jakobinern als Royalist lange Zeit angefeindet. Er endete nach dem Aufstand vom 1. Prairial (20. Mai) 1795, nachdem er verhaftet worden, am 30. durch Selbstmord im Gefängnis. Vgl. M o n i t e u r, Band XXIV, S. 563 und 583, und T a i n e, La Révolution III. S. 556. — (Er tötete sich keineswegs, wie Barth sagt, ohne verhaftet worden zu sein in der Ueberzeugung, die allgemeine Freiheit sei dahin.)

[2] Herr Prof. Bresslau, der sich mit diesen Akten beschäftigte,

Diese Protokolle sind durch ihren harmlos vertraulichen Ton höchst ergötzlich zu lesen, gewinnen aber durch die Ungezwungenheit, die ihnen nach heutigen Anschauungen den Charakter amtlicher Mitteilungen zu nehmen scheint. Rühl überliefert mehrere Einzelheiten, die das Ganze erfrischend beleben. Wir sehen den Geheimrat nach einer wohlverbrachten, durch allerhand Pillen und dgl. wirksamer gestalteten Kur aus Teinach am Dienstag, den 21. Juli, nach Strassburg zurückkehren und mitten in den Aufruhr während des Pfalzsturms geraten, und zwar nach der Beraubung der Archive. Da schildert er nun, des Entsetzens voll, was er in den durchfahrenen Strassen, sowie auf dem Münsterplatz gesehen, ehe er, «nach Atem schnappend», daheim in seine *bergère* sank. Gerade derartige Strassenbilder vom Nachmittage fehlten in allen anderen Berichten. Rühl that die ganze Nacht kein Auge zu und weiss daher auch über den Zustand während derselben Einiges zu berichten. Andere Einzelheiten erfuhr er durch seinen Diener und anderweitige Umfragen. — Auch über den Soldatenaufstand und die Vereidigung der Garnison berichtete er seinem Herrn ausführlich, oft in äusserst drastischer Weise.[3]

machte mich auf die hiehergehörigen Abschnitte freundlichst zur Veröffentlichung aufmerksam.
[3] Für seine Persönlichkeit nicht nur, sondern für die **Macht des Beispiels** überhaupt, ist es interessant, in den hier in Betracht kommenden Berichten zu verfolgen, wie das Herz dieses Geheimrats allmählich von der revolutionären Idee erfasst wurde. Zugleich erheitert die Freimut, womit er dies seinem Durchlauchtigsten Herrn mitzuteilen wagen durfte. — Am 21. Juli beklagt er «den traurigen Zustand», und «dass der Geist der *licence*, nicht wahren Freyheit geweckt worden.» — Am 5. August berichtet er noch ironisch: «Die goldene Aehre der Menschenfreiheit sprosst trefflich, ha ha ha! ja ja ja es geht sauber zu im Elsass!» — Am 7.: «O heiliger Rousseau, hl. Voltaire, hl. d'Alambert, hl. Friderich der einzige! Seht den Triumph eurer Philosophie! Das heisst die Klassenfesseln der Menschheit abgenommen. Dank sey's euch ewig, ihr Volksbeglücker!» — Am 21. August, bei Gelegenheit der Truppenvereidigung, «der würdigsten Begebenheit, die sich seit 802 Jahren, als die Kapetinger den Thron bestiegen», zugetragen: «Nie habe ich einen heiligeren und das Herz erhebenderen Anblick gehabt, als diesen, da auf einen Tag bey 30 Millionen Menschen in Freiheit gesetzt wurden. So **können auch die grössten Könige auf ihre ursprüngliche Erhöhung zurückgebracht werden, wenn sie zu Einnahme**

II. Nichtamtliche handschriftliche Darstellungen von Augenzeugen:

1. **Harthmann**, die Pfalzstürmung und die Unruhen in Strassburg im Sommer 1789.[1]
Eine eingehende Schilderung nicht nur der Julitage, sondern auch des Soldatenaufstands am 5. und 6. August und seinen Folgen, bis zum 31. August; im Ganzen dem Bericht der Repräsentanten entsprechend, besonders über den 21. Er ergänzt ihn noch bedeutend. Fälschlich giebt H. als Versammlungsort des Magistrats am Nachmittag des 20. die Zunft zum Spiegel an, und schiebt daher die Steinwürfe gegen das Rathaus der blossen Zerstörungswut, nicht der Rachlust zu. Die Bitte der Bürger, sich bewaffnen zu dürfen, legt er auf den 21. Mittags, das Blasen des Generalmarsches auf 4 Uhr. Diese Ungenauigkeiten beeinträchtigen jedoch die sonstige Brauchbarkeit der von ihm entworfenen Schilderung keineswegs. Dieser und der folgende Bericht waren Engelhardt unbekannt.

2. Ein in dem erwähnten Karlsruher Faszikel vorhandener orthographisch sehr mangelhafter, aber wertvoller **Bericht** («Wahre und authentische Nachrichten der gegenwerdigen *Epoche* in Strasburg») eines Augenzeugen, an den Amtmann Hofrat Strobel in Kehl gerichtet. Er ist sehr ausführlich, und betont besonders die anfängliche Harmlosigkeit der Zusammenrottung am Abend des 19. Juli. Er berichtet überhaupt mehrfach Einzelheiten, die das ganze Bild beleben. Besonders über die Bewegungen des Militärs am Nachmittag des 20. giebt der Verfasser Aufschlüsse, die sonst nirgends geboten werden. Er berichtet z. B., dass «die ganze Garnison nach 5 Uhr in's Gewehr» getreten, und dass gegen 6 Uhr Klinglin erschienen sei mit der Nachricht, der Magistrat habe «die Doléance beant-

---

und Ausgabe keine proportion setzen und leiden, dass sich Vampire an sie hängen, welche sie unverschämt aussaugen; schröckliche Lehre für grosse und kleine Fürsten.» — Am 29. scheint er völlig gewonnen, denn er ruft aus: «O Freyheit, unschätzbarer als Gold und alle Kostbarkeiten der Erde! Dich zu beschützen, und dich gegen die Tyrannen, so dich mit Füssen traten, muthig zu vertheidigen sind schon 4000 unserer bravsten Bürger bewaffnet!»

[1] Kopie vorhanden auf der Kaiserlichen Bibliothek, Barack's Katalog Nr. 458. Im Druck veröffentlicht z. T. von A. Schricker in der Wiener «Presse» Nr. 324, vom 26. November 1893.

wortet», worauf das letzte Regiment den Paradeplatz verlassen
habe. Dies dürfte dem sonst unverständlichen Passus im Bericht der Repräsentanten vom 21. entsprechen (s. o. I. 1.)

3. Ebenda, «Frankreich, Reichsstände»: «Historischer Bericht von den in Strassburg entstandenen innerlichen Unruhen.» Er hat mit den anderen übereinstimmende gute Nachrichten.

III. Gedruckte Schilderungen von Augenzeugen.

1. Beschreibung des jammervollen.Aufruhrs in Strassburg 1789», der neben I. 1.—3. Engelhardt folgte.[1]
Der Verfasser schreibt offenbar unter dem ersten Eindruck der Ereignisse, und weiss demnach Klinglin nicht genug zu preisen. Seine Nachrichten sind wertvoll, wenn auch nicht erschöpfend. Den Beginn des eigentlichen Sturms auf die Pfalz verlegt er, wie Harthmann, auf 4 Uhr.

2. Dampmartin, A. H., Mémoires sur divers évènements de la Révolution et de l'Emigration (Tome II. Paris 1825). Dampmartin war damals Kompagnieführer im Regiment Royal Cavallerie. Sein Bericht, dem Taine[2] gefolgt ist, bezieht sich hauptsächlich auf den 21. Er giebt 3 Uhr als die Stunde des Generalmarsches an. Merkwürdig sind seine Aeusserungen als die eines Offiziers über die Vorahnung eines kommenden Tumults. Er spricht direkt von einem «projet aussi vaste qu'important d'armer le peuple . . . dans une même circonstance». Höchst sonderbar aber ist sein Bericht von einem Gastmahl (S. 43 fg.) das bei Klinglin an einem jener Juliabende stattgefunden, und wobei eine eigentümlich vielwissende, geheimnissvolle Unterhaltung darauf hindeutete, dass die Truppen «am nächsten Nachmittag um 3 Uhr zu den Waffen greifen werden», um eine wichtige Unternehmung auszuführen, die «den guten Franzosen sehr angenehm sein werde». Die Gäste zogen sich erst spät zurück, unter dem erhebenden Bewusstsein, einem Ehrentage entgegen

---

[1] Ausserdem muss diesem hiefür wie für die Schilderung des Soldatenaufstandes ein Bericht zu gebot gestanden haben, der nicht mehr vorhanden ist. Vielleicht befand er sich in dem von Engelhardt öfters erwähnten «Recueil de pièces relatives à la révolution» etc., in der 1870 verbrannten Bibliothek.

[2] A. a. O. I. S. 84, 86—89.

zu gehen. — Die Zahl der aufmarschierten Truppen, die er auf 8000 angiebt, ist entschieden zu hoch; die Berichte schwanken jedoch hier so sehr, dass es am klügsten wäre, wie Engelhardt, nur von einer «grösseren Militärabtheilung» zu sprechen. — Die Schilderung Dampmartin's durchweht militärische Frische. Ueber die Verdächtigung Klinglin's ist er als Soldat empört, ebenso aber über das Verhalten Rochambeau's, das er als *perplexité puérile* bezeichnet. Die Anrede des Generals schildert er als ganz kläglich. — Den Prinzen von Hessen lässt er um Erlaubnis zum Einschreiten bitten. Dies kommt aber dem Prinzen Max von Zweibrücken zu.

3. Rochambeau, Mémoires militaires, historiques et politiques (Tome premier, Paris 1819).[1]

Seine Ausführungen sind sehr kurz gefasst. Er giebt ebenfalls 3 Uhr als Zeitpunkt des Generalmarsches an. Er schiebt die Unthätigkeit der Soldaten ihrer Unlust zu. Doch kann auch er selbst sich eines festen Auftretens nicht rühmen; seine Anrede, von deren gutem Erfolg er schreibt, klingt zwar wesentlich anders als bei Dampmartin; aber der Inhalt gleicht trotzdem mehr einer Bitte als einem Befehl. Für die Auffassung des Verhaltens der Truppen ist eben dieser Bericht von Wert.

4. Arthur Young, der bekannte englische Reisende, der am 20. Juli nach Strassburg kam,[2] und auch den 21. dort verweilte. Den Pfalzsturm betrachtete er aus nächster Nähe. Besonders seine Bemerkungen über das Verhalten der Soldaten sind interessant. — III, 2.—4. kannte Engelhardt nicht.

5. Friese's Vaterländische Geschichte, das Werk eines Strassburgers, ist wegen seiner Ausführlichkeit eine der Hauptquellen für die ganze Bewegung. Der Verfasser ist aber ziemlich revolutionär-fanatisch, und daher auch manchmal ungerecht. — Er ist überzeugt, dass alles vorbereitet worden, und dass Klinglin der Urheber war. Wenn seine Ansichten nicht stets auf Wahrscheinlichkeit Anspruch erheben können, so ist die Darstellung der Vorgänge den anderweitig berichteten Thatsachen durchaus entsprechend, wenn auch nicht in allen Zeitangaben richtig. So lässt er z. B. die Magistrate erst um

---

[1] Der hierhergehörige Abschnitt ist veröffentlicht von Reuss, Le sac de l'hôtel de ville etc. a. a. O. S. 56 fg.
[2] A. a. O. S. 264. Veröffentlicht von Reuss, Le sac etc. S. 65.

5 Uhr vor dem Steinhagel aus der Pfalz entfliehen.[1] Dagegen
giebt er richtig als Zeit der Zusammenrottung am 21. drei Uhr
Nachmittags an, und setzt auch um diese Stunde den Generalmarsch an.

IV. Nicht ausdrücklich von einem Augenzeugen, aber doch
von einem Zeitgenossen und Strassburger Bürger sind die Nachrichten Hermann's. Derselbe hat mehrere z. Tl. interes-
sante Einzelheiten, wohl auf Berichten aus der Bürgerschaft
beruhend, die zu verwerten sind. Teilweise folgt er bereits
Friese's Darstellung. Auch er schiebt Klinglins Verhalten dessen
Groll gegen den Magistrat zu.

Es ist zu bemerken, dass die amtlichen Berichte über den
Urheber des Aufstands gänzlich schweigen, von den nichtamt-
lichen der Verfasser des «jammervollen Aufruhrs» und Damp-
martin nicht bei Klinglin die Schuld suchen, und dass dies mit
Nennung des Namens nur bei Friese und Hermann-geschieht.
Gegen eine ganz andere Seite wenden sich zwei andere Schrif-
ten, die «Räuberbande»[2] und die erwähnten «Gräuel der Ver-
wüstung.» Sie sehen nämlich den Kommissar Dietrich als den
Schuldigen an. Wenn sie auch beide aus einer «giftigen Feder»
geflossen sind, so dürfte doch hervorgehoben werden, dass der
Verfasser der letzteren Schrift jedenfalls den Geheimnissen der
Stadtleitung nicht ferne stand.[3] —

Nunmehr können wir, indem wir besonders für den 21.,
auf die ausführliche Darstellung Engelhardt's verweisen, zu der
Schilderung der Ereignisse an der Hand unserer Quellen übergehen.

---

[1] Dies hat Aufschlager a. a. O. I. 305 übernommen.
[2] Vgl. deren Charakteristik bei Strobel V. S. 326 Anm.
[3] Zwei weitere Berichte enthalten wenig bemerkenswertes: Ré-
volutions d'Alsace, 1789, die von Türckheim selbst als unzuverlässig
bezeichnet wurden ; und die Histoire des deux amis de la liberté,
Tome 2., Paris 1790. Sie sind bei Strobel V. S. 325. Anm. be-
sprochen. Der daselbst von Engelhardt sub 9) aufgeführte Bericht
des Moniteur, Nr. 33 vom 4. August, bietet auch hier nur eine Wiedergabe der Histoire des deux amis, wie dies schon für andere Stellen
Ranke, (S. W. XLV. 252 fg.) nachgewiesen hat. Die von ihm S. 252 fg.
hervorgehobenen Abweichungen des Moniteur von dem Bericht der
Deux amis finden sich schon in der ihm nicht bekannt gewordenen
zweiten Auflage dieses Werks.

Der Beginn der eigentlichen Bewegung wird stets auf den Augenblick festgesetzt, wo mit der Erleuchtung des Gasthofs zum «Rothen Haus» am Paradeplatz der Freude über die aus Paris eingetroffenen Nachrichten Ausdruck gegeben, und das Beispiel der Hauptstadt durch die, von Seiten der Gassenbuben z. Tl. erzwungene, Illumination der Stadt nachgeahmt wurde. Dies wird von allen Berichterstattern, auch von den Repräsentanten, auf den 19. Juli Abends verlegt. Nur der Verfasser des «jammervollen Aufruhrs» weiss von einer übermütigen Kundgebung schon am Samstag, den 18., zu erzählen, und lässt sie am 19. in verstärktem Masse wiederkehren. Ein Kurier von Paris nach Strassburg brauchte 3 $1/2$ Tage und es ist daher wahrscheinlich, dass schon am 18. Abends die Nachricht von der Versöhnung des Volks mit dem König eintraf, was mit dem Ruf: «Es lebe der König!» gefeiert ward.[1]

Aber sei dem, wie ihm wolle; nicht erst am A b e n d des betreffenden Tages jedenfalls gerieten die Strassburger durch Pariser Nachrichten in Aufregung. Man muss, wenn auch nicht vom Bastillesturm selbst, so doch von den vorhergehenden Bewegungen vom 12. und 13. schon am Vormittag des 18. in Strassburg Kunde gehabt haben. Denn in dem stenographischen Rapiarium der XIIIer vom 18. ist davon die Rede, dass auf dem Paradeplatz gefährliche Druckschriften verbreitet wurden, deren eine sich über die Entlassung Necker's ausliess, und dass ein Hutmacher grüne Kokarden verteilte. Beides wurde verboten. Denn, abgesehen davon, dass die Lässigkeit des Magistrats im Beschluss über des Beschwerdenheft die Spannung auf den Höhepunkt gebracht hatte, war die Stimmung in der Stadt schon seit einigen Tagen aus anderen Gründen unsicher. Man hatte finstere, unbekannte Gesellen bemerkt, die sich zwecklos umhertrieben, und sich an Freiwein, der merkwürdigerweise verteilt ward, gütlich thaten. Selbst im Offizierscorps war man auf ein Ereignis gefasst. Es ist daher begreiflich, dass die

---

[1] Widersinnig ist es, mit Engelhardt anzunehmen, dass die Menge diesen Ruf gethan habe, wenn am 18. erst, wie er sagt, die Nachricht von der Erstürmung der B a s t i l l e eingetroffen war. — Hermann's Darstellung, a. a. O. I. S. 108 ist wahrscheinlicher. Im «H i s t o r i s c h e n B e r i c h t» heisst es ausdrücklich: «Sonntag, den 19. Julii, da die Vereinigung des Königs mit der Nationalversammlung bekannt geworden».

Nachricht von den Schritten des Königs wie eine Erlösung
wirkte. Mit Blitzesschnelle verbreitete sie sich durch die Stadt.
«Die Bürger liefen einander entgegen und umarmten sich entzückt.» Man verlangte und verteilte abermals grüne Kokarden,
und alsbald loderte ein Freudenfeuer auf dem Paradeplatz.
Jederman musste wenigstens mit einer Laterne illuminieren.
Diese Auftritte waren harmloser Natur,[1] und ebenso auch
zunächst am folgenden Tage, als alles freudig die angeschlagene
Rede des Königs las. Das aber konnte nicht hindern, dass
auch die vorhandenen Gegensätze um so schroffer empfunden
wurden. Paris war befreit, die Burg des Despotismus gefallen,
die Bürger Herren der Stadt. In Strassburg trotzte der Magistrat noch ihrem Willen. War eine Kundgebung geplant gewesen und durch den gestrigen Jubel vereitelt worden, so waren
am 19. die Umstände dem Unternehmen schon günstiger.
Ohnedies ein Sonntag, wo jedermann Zeit hatte, aufreizende
Reden anzuhören, und länger den unentgeltlich verschenkten
Spirituosen zuzusprechen, war es der erste von drei Festtagen,
die aus Anlass der väterlichen Gesinnungsbezeugungen des
Königs verordnet worden waren, und es befand sich, wegen
einer abermaligen Illumination und Feuerwerk auf dem Paradeplatz, eine Menge Leute aus allen Schichten auf den Strassen.
Bis 11 Uhr Abends war «alles in Freude, nicht die geringste
Unordnung ging vor». Aber allmählich kamen die Gemüter in
Erregung ; auch Soldaten nahmen teil an der Fröhlichkeit, und
besonders eine Schar von etwa sechzig jungen Leuten aus angesehenen Familien, nebst ungefähr ebensovielen Metzgern,
Stallknechten u. dgl. «sämtlich mit guten, tüchtigen Hebeln und
Prügeln versehen,» machten sich bemerkbar. Sie wiederholten
das Treiben vom vorigen Abend. Die Stimmung aber hatte
einen anderen Anstrich bekommen : «es sollte auch hier ein
Launay und ein Flesselles geopfert werden». Der unbeliebteste
unter den Ratsherren war der Ammeister Lemp, den Anmassung
und hochfahrende Reden persönlich verhasst gemacht hatten.
Nun wollte man ihn in der Stadt umherführen, nach einer
Nachricht in seiner Amtstracht und in Holzschuhen, nach einer

---

[1] Desbalb vielleicht wurden sie in den meisten Aufzeichnungen
weggelassen.

anderen auf einem Esel, und ihn dann — wie von verschiedenen Seiten versichert wird — mit dem Leben büssen lassen. Er war aber durch den Platzmajor de Biquinville rechtzeitig benachrichtigt worden, und in eiligst umgeworfener Verkleidung durch einen Dachraum entkommen.¹

Als man eben anfing, in sein Haus einzudringen, woran kein Fenster mehr heil war, erschien Klinglin zu Pferde, gefolgt von einem Dutzend Offiziere und einer Abteilung Reiter. «Er benutzte den Einfluss, den er besass, um das Volk zu beruhigen,» und redete den Aufrührern begütigend zu: «Nur kein Feuer, meine Freunde, kein Feuer!»²

«Meine Herren!» sagte er nach dem Bericht Harthmann's, «ich glaube, es wäre jetzt genug! Gehen Sie nach Haus zu Ihren Frauen und Maitressen, die nach Ihnen schmachten werden!» Seine Worte wirkten Wunder: man gehorchte. Laute Rufe: «Es lebe die Nation! Es lebe Necker! der Baron von Klinglin!» erschollen, und die Menge zerstreute sich.³

Interessant ist, was Dampmartin über das Verhalten der Offiziere sagt: «Die Generäle vergassen (!) in ihrer Bestürzung die Garnison zu den Waffen zu rufen, trotz des Befehls vom vorigen Abend.⁴

Eine Veränderung, die kein Vorwand entschuldigte, wurde die Quelle unbedachtsamer Entschlüsse und bitterer Bemerkungen. Die Verdächtigungen, bis dorthin unbestimmt, gestalteten sich zur festen Gewissheit, dass gefährliche Pläne im Gange seien. Rochambeau verbarg seine Aufregung weniger als irgend jemand . . . Die alten Offiziere erkannten die Stimme nicht wieder, die sie ehemals auf dem Weg der Ehre geführt hatte.»⁵

---

¹ Er soll sich nach Schlettstadt geflüchtet haben. (Bericht des Amtmanns Strobel an die badische Regierung vom 27. Juli).
² Vgl. Hermann a. a. O. I. 108.
³ Einen köstlichen Zug erwähnt Harthmann. «Sie wurden besänftigt, sagt er, bis auf Einen, welcher voller Vertrauen Herrn von Klinglins Pferd beim Zaum nahm und bat: Mon commandant, encore une pierre, je vous en prie, und denselben mit innigster Zufriedenheit nach dem Fenster warf.»
⁴ Infolge der Auftritte vom 18.?
⁵ Zur Milderung dieses herben Urteils muss man betonen, dass Rochambeau erst am vergangenen Tage in Strassburg angekommen, und gänzlich unbekannt mit allen Verhältnissen war. Man darf nicht vergessen, dass er in dieser Lage auf den Rat des Platzkommandanten Klinglin das grösste Gewicht legen musste, und dass, wenn

Von ein Uhr ab war durch umherstreifende Patrouillen die Ordnung wieder hergestellt. — Am nächsten Morgen, Montag, den 20., versammelte sich der Magistrat auf der Pfalz.¹ Die Sitzung wurde aber sogleich durch das Zusammenströmen einer Menschenmenge vor dem ·Rathause, voran mehrere Metzger, gewaltsam unterbrochen. Die Letzteren verlangten ungestüm die Erklärung des Magistrats über das Beschwerdenheft und Aufhebung oder Verminderung der Accise. Fischer gab ihnen eine befriedigende Zusage, und sie entfernten sich.² Doch murrten sie, dass sie den Ratsherren «in die Perrücken fallen würden, wenn sie nicht auf der Stelle das Verlangte gestatten». Fischer versprach, dass Nachmittags um fünf Uhr alles gewährt sein werde. «Die Ratsherren fanden nunmehr, dass die Forderungen der Bürger von einiger Wichtigkeit waren.» Sie berieten, wie dem Rechnung zu tragen sei, indes das Volk, das sich nicht zerstreut hatte, alle Magistratspersonen die sich sehen liessen, auspfiff, und sogar einige mit Steinen und Kot bewarf, so dass die Zurückgebliebenen versuchen mussten, ihre schwarze Amtstracht mit Bürgerkleidern zu vertauschen, um ungehindert nach Haus zu entkommen. Dies wurde, nachdem sie ihre Kutschen hatten wegfahren lassen, durch eine Hinterthür bewerkstelligt. Zu einer Einigung waren sie nicht gekommen, wenn auch das Volk die unbedingte Annahme des Beschwerdeheftes laut verlangte.

Schliesslich ritt Klinglin, in seiner Eigenschaft als Repräsentant der Schirmer, von einem Schwarm schreiender Knaben umringt, zum Spiegel, und versicherte, die Taxen werden ermässigt werden. Er fand leicht Gehör. Aber auch vor dem Spiegel tobte die Menge.³

Klinglin trat an's Fenster, um sie zu beschwichtigen. «Kinder, liebe Kinder!» rief er, «habt Geduld, seid ruhig! Es

einen der beiden, letzteren die Verantwortung an dem eigentümlichen Verhalten der Truppen in hohem Masse trifft.
[1] Engelhardt (a. a. O. V. 311) lässt auch die Repräsentanten Morgens Sitzung halten. Sie kamen erst Nachmittags zusammen.
[2] Spach, Fr. de Dietrich, a. a. O. S. 499 giebt die Reihenfolge der Ereignisse am 20. nicht genau wieder.
[3] «Tausendweise» sagt Harthmann.

wird gut gehen! Verlasst Euch auf mich!» Diesmal jedoch wurde er nicht Herr über die Erregung; sie schien sich auch der Volksmenge vor der Pfalz wieder mitgeteilt zu haben. Denn, während sich die Repräsentanten in der Zunft «zum Spiegel» um 2 Uhr Nachmittags versammelten, kamen die sieben Kommissare und die fünf Ratsdeputierten, zur selben Zeit, auf der XIIIerstube der Pfalz zusammen, um die letzte Hand an die Ausgleichung der Beschwerden zu legen. Aber schon nach einer Viertelstunde wurden sie durch einen Hagel von Steinen gezwungen, die Besprechung aufzuheben und die Pfalz wieder zu verlassen. Sie begaben sich unter Reiterbedeckung — nur eine unthätig zuschauende Wache befand sich bis dahin auf dem Platz, — zu den Repräsentanten, um dort die Erklärung des Magistrats abzugeben.

Gegen 3 Uhr zog dann ein Regiment Infanterie auf den Paradeplatz, wo sich die Generalität einfand, «und sich stellte, als ob sie das Regiment musterte.» «Und so kamen alle Regimenter auf den Platz, und lösten einander ab.» Um diese Zeit muss es gewesen sein, als Young mit der Post in Strassburg ankam, wobei sein Pferd in den dichten Menschenmassen, vor den Trompeten und dem Lärm scheuend, den Reisenden in grosse Verlegenheit brachte.

Nach 3 Uhr kam eine Deputation des Magistrats, und kurz nachher «Dietrich selbst in Begleitung des Platzmajors zu der Generalität; gleich darauf marschierte ein grosses Detachement» vor die Pfalz, und teilte die Menge auseinander. «Die Generalität erhielt von Zeit zu Zeit durch ihre Adjutanten und den Platzmajor Nachricht.»

Da der Magistrat seine Entscheidung auf 5 Uhr in Aussicht gestellt hatte, kam die Mehrzahl seiner Mitglieder um diese Zeit, ebenfalls unter Soldatenbedeckung, auf die Pfalz. Ein neues Bombardement mit Steinen und Kohlköpfen ward eröffnet. Alle Vorstellungen dagegen waren fruchtlos, ja gefährlich. Da ging Dietrich zu den Repräsentanten auf den Spiegel, um ihnen eine nochmalige Prüfung der beanstandeten Artikel vorzuschlagen — eine wirklich bewundernswerte Hartnäckigkeit des Magistrats ! Die Repräsentanten lehnten sein Anerbieten jedoch ab. Sie erklärten vielmehr : [1]

---

[1] Vgl. Friese a. a. O. IV. S. 253.

«Sie wüssten ganz gewiss, dass das, das Rathaus umgebende Volk verlange, dass das ganze Beschwerdenheft ohne Ausnahme angenommen und der Accis und Octroi heute noch abgeschafft werden müsse, widrigenfalls das Volk bereit sei, das Rathaus samt dem Magistrat, ohne auch der Repräsentanten zu verschonen, mit Mord und Brand zu grunde zu richten. Und dass das Volk geäussert, dass die Garnison ihm versprochen, nichts gegen das Volk zu unternehmen» u. s. w., eine Drohung, die an Schroffheit nichts zu wünschen übrig liess, und die Dietrich veranlasste, dem Magistrat zu empfehlen, alles zuzugestehen, unter dem Vorbehalt, es rückgängig zu machen, wenn der Magistrat wieder selbständig beschliessen könne. Aber dieser erbat noch einen Aufschub von einigen Tagen. Nun ward er mit seinem Verlangen an das Volk gewiesen; damit war er machtlos. Die Schlüssel des Pfennigturmes und des Rathauses musste er den Repräsentanten ausliefern, die dieses besetzten, um es auf einen Wink dem Volk preiszugeben. Das beweist auch die Aussage des in Kehl verhafteten Aufrührers: dass ein Metzger auf dem Spiegel zum «losstürmen» aufgefordert habe, falls bis um 6 Uhr «die Herren» nicht nachgeben sollten.

Und sie gaben nach: schweren Herzens unterschrieben sie das Dekret, das alles bewilligte.[1]

Nunmehr folgte die Menge vor dem Spiegel einer abermaligen Aufforderung Klinglin's, und zerstreute sich. Der Kommandant ritt sodann vor die Pfalz, und beschwichtigte auch dort die Gemüter. Die letzten Soldaten verliessen alsbald den Platz, und die Generalität zeigte sich auf den Strassen mit dem Ruf: «Es lebe der Bürgerstand! Der Friede ist geschlossen!» Die Bürger richteten eine Dankadresse an den Magistrat, und der Abend sah Strassburg wieder festlich beleuchtet. Ueber dem Thore von Klinglin's Wohnung erstrahlte ein Transparent mit den Worten: «*Patrem te dicunt filii dicentque nepotes,*» ein bedenkliches Lob.

Der ganze Aufruhr hatte durch die Beteiligung der Handwerksgesellen und der fremden Individuen, besonders aber dadurch etwas unheimliches, dass er von unsichtbarer Hand und durch unhörbare Worte geleitet zu werden schien. Trotz

---

[1] Vgl. Anhang Nr. 14.

des äusseren Jubels blieb daher Besorgnis rege. Rochambeau schlug aber die Bitte der Bürger, sich bewaffnen zu dürfen, ab, und liess seinerseits die Patrouillen verdoppeln. Dies scheint Hermann's Bemerkung zu rechtfertigen, der sagt:[1] «Er war alt und wohlwollend, aber schwach. Es scheint, dass man ihm glauben machte, Unordnungen, die den Sturz des Magistrats zur Folge haben würden, seien der Bürgerschaft angenehm.» Trotz der Vorsichtsmassregeln ging es ohne Ruhestörungen nicht ab. Die Macht des Magistrats war zwar gebrochen, und man hatte alles erreicht, was man seit dem 18. April erhoffte. Dennoch war die Rache an den Herren XVern noch nicht gekühlt, und das Militär konnte nicht hindern, dass das Haus des XVers Flach gänzlich ausgeplündert wurde. —

Am nächsten Morgen, den 21., kam der Magistrat vollzählig zusammen, und bestätigte durch neue Unterschriften, allerdings wiederum nach längeren Verhandlungen, sein Dekret vom verflossenen Abend. Doch fühlte man sich noch nicht so sicher, dass Rochambeau nicht jede Art von Feuerwerk u. dgl. hätte verbieten lassen, und die geplante Illumination auf den Ludwigstag verschoben worden wäre.

Die Aufhebung von Octroi und Accise war durch öffentlichen Anschlag bekannt gemacht worden. Da geschah das Unerwartete, dass gegen Mittag allgemein verbreitet ward, der Magistrat habe sein Wort zurückgenommen.[2] Alle gegenteiligen Versicherungen verschollen unbeachtet. Tobend riss man den Repräsentanten das Dekret aus den Händen, und schrie durcheinander: die Herabminderung des Fleisch- und Brotpreises sei zu gering.[3] «In Paris habe man die Einnahme-Bureaux zerstört; alles werde billiger, wenn man dem Magistrat Furcht einjage», «und dergleichen Reden mehr, die Misstrauen und Zweifel, beim Pöbel aber Wut erregten.» Man rottete sich zusammen; Männer, Weiber, kampflustige Burschen feuerten sich gegenseitig an, Handwerksgesellen verliessen ihre Werk-

---

[1] a. a. O. I. 197. Vgl. auch Taine, a. a. O. I. 81 Anm. 1.
[2] « Wahre und authentische Nachrr. » (Karlsr. Arch.): «Die Doléance sei nicht von allen Ratsmitgliedern unterschrieben, der Magistrat also nicht gebunden. Der Magistrat werde sein Versprechen nicht halten».
[3] Die Metzger hatten eine Minderung um 2 sous = 8 deniers gefordert; der Magistrat hatte es nur um 6 d. ermässigt.

stätten, Tagelöhner die Arbeit, und nahmen ihre Werkzeuge mit sich. Auch von auswärts kamen Zimmer- und Maurergesellen herbei. Alles strömte der Pfalz zu. Offenbar war dies kein Zufall: sie wussten um den geplanten Aufstand. Man war übereingekommen, die Pfalz zu stürmen.

Es war gegen drei Uhr. Abermals wandten sich die Bürger vergebens an Rochambeau, diesmal auch an Klinglin, mit der Bitte sich bewaffnen zu dürfen. Es ward abgeschlagen, da die Stadt Festung und Grenzplatz sei. «Wichtige Gründe bei dringender Gefahr!» bemerkt hiezu Harthmann.

Klinglin, der stets bei den Repräsentanten war, begab sich mit ihnen vor die Pfalz. Sie war bereits mit Militär umstellt, der Platz vom Pöbel, sowie von waffenlosen Soldaten besetzt. Man bat Klinglin, sie in die Quartiere zu weisen. Aufrührerische Zettel wurden verteilt: «Bürger greift an! Wir wollen ebenso billiges Fleisch essen wie Ihr!» «Die Zettel, sagen die Repräsentanten, um die der Königslieutnant wusste, brachten ihn wahrscheinlich dazu, eine Verstärkung der Truppen vor dem Rathause aufzustellen.» Eine Art Feldgeschrei durchlief, zu neuer Wut aufreizend, die Haufen: «Keine Steuern! Es leben die Generalstände!» Um drei Uhr, als das Rathaus bereits von einer unzähligen Menge umringt war, liess Rochambeau Generalmarsch schlagen.[1] Die Ordonnanzen und Adjutanten eilten in die Kasernen und brachten den Befehl sich unverzüglich zu bewaffnen. Dampmartin führte die erste Eskadron Royal Cavallerie und erhielt Befehl, vor die Pfalz zu reiten. Die Strassen, durch die er kam, waren erfüllt von Frauen und weinenden Kindern, die ihn und die Soldaten zur Eile anfeuerten, das Gesindel zu zerstreuen, das schon überall festen Fuss gefasst hatte. Männer traten heran und baten, den Bürgern Waffen zu geben, um die Soldaten zu unterstützen.

Das Regiment Royal kommt auf den Platz. Dampmartin mit den Seinen erhält Befehl, die Strasse abzusperren. Gegenüber ist bereits das Regiment Artois aufgestellt. Zwischen beiden steht das Infanterie-Regiment Elsass gefechtsbereit. Rochambeau selbst hat es mit seinem Obersten dem Prinzen

---

[1] Mémoires, I. 353. — Engelhardt's Darstellung (a. a. O. V. 319) ist hier in den Zeitangaben zu berichtigen.

Max von Zweibrücken,[1] herangeführt. Auch Prinz Ludwig Friedrich von Hessen mit seinem Regiment ist ausgerückt. Auf allen Plätzen, vor den Kirchen und öffentlichen Gebäuden stehen starke Pikets. Patrouillen schweifen überall umher. Doch ist es, als wären sie taub und blind. Keine zerstreut, keine hindert das wütende Volk. Rochambeau findet den Sturm auf die Pfalz bereits in vollem Gange. Der Pöbel hatte angefangen, die noch unversehrten Scheiben einzuwerfen. Die Soldaten wehrten nur um Verletzungen zu verhüten die zu nahe Herandrängenden zurück. Die Magistratspersonen entflohen, beschimpft und misshandelt.

Eine Sturmleiter lag zum Zweck der beabsichtigten Illumination bereit. Sie wird an die Pfalz gelegt, und als man wahrnimmt, dass von den benachbarten Häusern einige Verwegene durch die Fenster der Pfalz in die verhassten Stuben der Ratskollegien gestiegen sind, klettert ein neunzehnjähriger Zimmergesell aus Mainz[2] hinauf, ein halbes hundert raublustiger Kerle ihm nach. «Das lächerlichste und schändlichste Schauspiel beginnt.» Ruhig und kerzengerade sitzen die Reiter zu Pferde, als sollten sie Spalier bilden bei einem feierlichen Aufzuge.[3]

«Durch die offenen Fenster sieht man eine Schar verlumpter Menschen. Vier oder fünf Generäle wandeln unruhig auf und ab; sie gehen von einem Regiment zum andern; ihre Vorschläge, ihre Fragen verraten grösste Bestürzung.» Klinglin redet zum Volk, aber ohne Erfolg. «Hätte man einige, obgleich blinde Schüsse, unter das Gesindel gethan, ... so wäre alles vorbei gewesen.» Aber es geschieht nichts. Klinglin erscheint in der Schlossergasse und ruft: «Kinder, macht was ihr wollt, nur sengt und brennt nicht!»[4] Das ist alles.

---

[1] Die Anwesenheit der beiden deutschen Prinzen von Zweibrücken und von Hessen als französische Obersten in Strassburg ist dadurch zu erklären, dass ihre Familien die Herrschaften Rappoltstein und Hanau-Lichtenberg im Elsass besassen, wo sie den Landesherrn vertraten, zugleich aber die «deutschen» Regimenter «Elsass» und «Hessen» führten.

[2] Der Sohn des Hofkutschers daselbst. Vgl. Strobel V. S. 329, Anm. 1. ; Spach, Fr. de Dietrich a. a. O. S. 504, macht den Sohn auch zum Hofkutscher.

[3] Vgl. die Wiedergabe einer gleichzeitigen Abbildung bei Piton, a. a. O. I. 191. Ein farbiges Bild von Pfalzsturm befindet sich im Besitz des Herrn P. Holl in Strassburg.

[4] Am 29. kamen drei Leute aus Strassburg nach Kehl; sie

So kommt es, dass nichts Bewegliches in den Räumen der Pfalz an seinem Platze bleibt. Alles wird zertrümmert, zerrissen und zu den Fenstern hinausgeworfen. Rochambeau wäre beinahe von einem herabstürzenden Ofen erschlagen worden. In demselben Augenblick, als zwei Offiziere seine Zweifel durch ermutigende Schilderungen über die Gesinnungen der Soldaten gehoben und ihn zum Vorgehen bestimmt haben, fällt ein Regen von Schriftstücken und Papierfetzen aller Art aus den Fenstern der Pfalz nieder, der ihn abermals unsicher macht. Es wird ein schreckliches Gericht an den Akten, Protokollen und Urkunden des Archivs und der Vormundschaftsstube vollzogen. Sie werden zerstückelt und auf den durch ein Gewitter aufgeweichten Platz und die Strassen hinabgeworfen. Fusshoch watete man nach übereinstimmenden Berichten darin umher.

Nichts kann die Verwüstung deutlicher malen, als die Berichte, die verschiedene Ratskommissionen später vom Augenschein, den sie genommen, niederlegten.[1] Im Bureau der Findlingslotterie war nichts mehr vorhanden, als «die vier Mauern und der runde Stein, worauf der Ofen gesessen». In der Archivkammer des Vogteigerichts war «die grosse mit Eisen allenthalb beschlagene und mit vier Schlössern versehene Kiste» erbrochen. In der Schirmerstube sind keine Thüren, keine Fenstergestelle mehr vorhanden. «Der Schaft, worin die Protokolle waren, ist das einzige Stück» das noch von der inneren Einrichtung vorhanden ist. Die Kapitationsstube «enthielt nichts mehr als die vier Wände». Gründlicher konnte man es nicht nehmen. Und dabei wurden die Soldaten nicht zur Rettung befohlen! Von verschiedenen Seiten wird vielmehr bezeugt, dass sie die Bürger ungescheut anreizten, ja sogar selbst mitplünderten.[2] Rochambeau klagt denn auch es sei sehr schwer gewesen, ihnen zu steuern. Er selbst war völlig in Verwirrung, misstraute den Offizieren und fürchtete

---

sagten insgesammt: «Wo nicht der Ausruf erschollen: Leute, macht was ihr wollt, nur kein Feuer! so würde das Ungemach nicht erfolgt sein» (Bericht des Amtmann's Strobel vom 29. Juli).
[1] Vgl. Ges. Raths Acta im Stadt-Archiv.
[2] Nachgewiesenermassen beteiligte sich auch ein Zögling des protestantischen Collegium Wilhelmitanum Namens Roederer am Sturm. Vgl. Erichson, das Theologische Studienstift Collegium Wilhelmitanum 1544-1894. Strassburg, 1894.

sich vor seinen Soldaten. Ungestört ging der Raub an den Kassen der Stadt vor sich.

Um diese Zeit muss es gewesen sein, als der leiningische Geheimrat Rühl von seiner Reise nach Strassburg zurückkehrte. Lassen wir ihn selbst erzählen, was er zu seinem Erstaunen und Schrecken bemerkte, nachdem er, vor das verschlossene Stadtthor gelangt, Einlass durch die Citadelle erhalten:

«Kaum war ich auf der Esplanade, so kamen Weiber gelaufen und jammerten, dass alles drunter und drüber ginge, und kein Mensch abwehre. Als ich bei den *hangards* (Artillerie-Schuppen) anlangte, stund das ganze Corps royal vor den *hangards en ordre de bataille*. In gleicher Stellung fand ich die ouvriers vor ihrer caserne. Inzwischen kam ich ohne grossen Lärmen zu verspüren, ausser dass alle Boutiquen und Häuser verschlossen waren, glücklich über die Brücke bei Sanct Wilhelm. Als ich aber in die Kalbsgasse kam, stiess ich auf einen unzähligen Pöbel, der mit trophaeen vom Rathaus dem feinen *quartier* von Saint Nicolas zueilte. Der eine schrie wie rasend und trug an einer Stange einen zerfetzten grünen Taffet-Fenstervorhang; der andere hatte Acten und pergamentene Briefe aufgepackt, und trug sie weg. Ein Weib schleppte einen grossen zerbrochenen *hameaux* [Netzwinde?] fort; ein anderes Fensterrahmen, noch andere zerbrochene Gefässe und alle lärmten wie toll und rasend; ich fuhr langsam; als ich vor dem Münster auf der Seite des Evêché anlangte, fand ich auf diesem Platz das Regiment royal Cavalerie [1] *en ordre de bataille*, und nun wurde mir bedeutet, ich müsse hinter dem Evêché herumfahren, weil des Tumults wegen niemand über den Münsterplatz fahren könne. . . . Als ich an der grossen Metzig vorbei unten an den Fischmarkt bei der Schindbrücke (Rabenbrücke)[2] kam, lief Jan Hagel wie Schneeflocken durcheinander, hatte alle Hände voll geraubter Papiere und Tapetenfetzen, und ich hatte ziemliche Mühe längs am Kaufhaus hin das Schiffgässlein . . . und meine Behausung [3] zu erreichen.»

---

[1] Wohl nur eine Abteilung derselben. (vielleicht diejenige Dampmartins?) die zum Absperren der auf den Gutenbergsplatz führenden Strasse kommandiert war.
[2] Vgl. Piton a. a. O. I. 143.
[3] In der Knoblochsgasse.

Auch in den von der Pfalz beträchtlich entfernt gelegenen Stadtteilen ging es demnach bunt genug her. Aber Einhalt ward nicht geboten, und wagte es einer der Magistrate sich darum zu bemühen, so geriet er unzart in's Gedränge. Ein solches Erlebnis des Stättmeisters Haffner von Wasslenheim ist überliefert. Der Siebzigjährige eilte zur Pfalz. Auf der Treppe wurde er erkannt und misshandelt. Einige Wohlgesinnte nahmen sich seiner an. Mit Mühe erreichte er, unter Zurücklassung von Stock und Hut seine Wohnung. — Die Zerstörung blieb in vollem Gange. Rochambeau kam zu keinem Entschluss, und wagte es nicht, die Soldaten zu kräftigem Eingreifen zu veranlassen. Bis zum Abend, sagt er, haben sie nur lax Hand angelegt (agissaient mollement). Es war hier nicht mehr anders wir im übrigen Frankreich, wo die Truppen, lauter «Abenteurer, weggejagte Lehrlinge, verstossene Söhne, Vagabunden und Obdachlose» waren, «leicht verlockbare, hitzige arme Teufel, die je nach den Umständen bald Rebellen, bald Soldaten werden.»[1]

Da war es aber für Strassburg ein Glück, dass nicht alle Regimenter aus französischen Soldaten zusammengesetzt waren, sondern dass die beiden «deutschen» Regimenter Hessen und Elsass daselbst standen, aus Elsässern, deutschsprechenden Lothringern und auch Reichsdeutschen gebildet. Anstatt zu desertieren, womit es die geworbenen Ausländer in den Heeren jener Zeiten im Ernstfall leicht genug nahmen, wie z. B. im preussischen Heere von 1806, waren gerade sie es, die sich den Bürgern, — deren kaum Einer unter den Plünderern zu bemerken war, — zu Dank verpflichteten. Während jeder einsteckte, was er mitnehmen konnte,[2] und schliesslich in der Pfalz nichts mehr zu holen war, stürmte das Gesindel die damals noch durch einen Bogen über die Schlossergasse mit der Pfalz verbundene Kontraktstube, und begann von neuem. Es ist gegen 8 Uhr. Da führt Prinz Friedrich von Hessen, der Sohn des Landgrafen von Darmstadt, sein Regiment heran. Er ist anderen Geistes, als die französischen Offiziere. Wie er sieht, dass die Kontraktstube in Gefahr ist, geht er, unter dem

---

[1] Vgl. Taine. L'ancien régime. S. 513.
[2] Feuer wurde glücklicherweise nirgends gelegt, was Taine, Révolution I. 82. irrtümlich berichtet. Er verlegt den Pfalzsturm auf den 19., Hermann auf den 22.

Beifallrufen der übrigen Soldaten, gegen sie vor. Er dringt durch die Hinterthür ein.

Rochambeau in seiner «kindischen Fassungslosigkeit» über alle die Gerüchte, die von verbreiteter allgemeiner Empörung und von bevorstehendem Brand der Stadt, ja vom Aufenthalt von 2000 Banditen im Keller der Pfalz umherschwirren, ist ratlos. Er wird von gutgesinnten Bürgern zum Einschreiten ermahnt. Sie hatten sich schon an mehrere Offiziere gewandt, aber die Antwort erhalten: «Wir haben den Befehl, nichts zu unternehmen!» Wie sie sich nun an Rochambeau selbst wenden, zaudert er noch einzugreifen zu lassen.[1] Es bedarf des Zuspruchs des Prinzen Max, später als Maximilian I. König von Bayern, seit 1777 Oberst des Regiments «Elsass»,[2] um ihn endlich zu einem Befehl zu bringen. «Freunde, meine lieben Freunde!» ruft er in trübseligem Ton.[3] «Seht, was da vorgeht! Wie entsetzlich! Ach, es sind Eure Papiere, Eure Rechtstitel, — die Eurer Eltern!» Die Soldaten bleiben unbewegt. Der führende Offizier hat den Befehl nicht verstanden, und es bedarf der Aufklärung eines anderen, bis sich zwei Abteilungen des Regiments «Elsass» gegen das Rathaus in Bewegung setzen.

Indes ist ein Teil der Menge in den Ratskeller eingebrochen, thut sich gütlich, und lässt 17 000 Mass guten Weines[4] zu solcher Höhe auf dem Boden umherlaufen, dass einige Berauschte darin ertrinken. Aber auch den Keller säubert Prinz Friedrich von den Rasenden. Dann führt er seine Hessen in die Pfalz. Auf dem Bogen über der Schlossergasse treffen die Mannschaften der deutschen Prinzen zusammen. Denn auch die Pfalz war von den beiden Abteilungen «Elsass» inzwischen ge-

---

[1] Vgl. Strobel V. S. 322.
[2] Vgl. Du Moulin-Eckart, R. Graf, «Bayern unter dem Ministerium Montgelas», I. München 1895. S. 30. — Prinz Max war ein sehr leichtlebiger Herr, bei den Strassburgern aber ausserordentlich beliebt. Vgl. Mémoires de la baronne d'Oberkirch, 1853. I. 110. — Dampmartin verwechselt ihn hier mit dem Prinzen von Hessen.
[3] So Dampmartin. Rochambeau selbst giebt seine Worte folgendermassen wieder: «Mes enfans, ce sont vos papiers, qu'on pille et vos contrats qu'on saccage. Ne souffrez pas un pareil brigandage; entrez et chassez à coup de crosse tous ces malfaiteurs.»
[4] So die Repräsentanten bei Reuss a. a. O. S. 181. Taine, la Révol. I. 82 sagt «15,000».

säubert worden. Die Menge auf dem Platz wurde sodann vom Prinzen Friedrich zerstreut, und gerettet, was. noch zu retten war. Leicht und rasch wurde die Ruhe wieder hergestellt. Der hessische Prinz war auf das tiefste entrüstet. Der Verfasser der «Wahren und authentischen Nachrichten» sagt: «Ich sprach mit diesem Prinzen ; . . . er sagte, dass ihm das Herz blutete, da er Zeuge von allem diesem Unfug sein müsse, und ihm nicht erlaubt wäre, weil er unter eines anderen Kommando stehe, demselben Einhalt zu thun, da es leicht gewesen wäre, mit 20 oder 30 Mann Wache den rasenden Pöbel vom Rathaus zu vertreiben.»

Die Abwehr raublustiger Scharen vom Pfennigturm durch das Pikett des Barons von Ruttenberg und die Vernichtung der Stadtkutschen im Herrenstall bildeten den unmittelbaren Abschluss des Aufruhrs. Die Truppen auf dem Paradeplatz riefen der Verübung dieses Unfugs Beifall und klatschten dazu. — Man befürchtete am Abend und noch wochenlang nachher, Brandstiftungen, und so blieben während der Nacht Truppenabteilungen auf den Plätzen zurück ; andere streiften allerwärts die mit ausgehängten Lampen beleuchteten Strassen entlang. Es gab noch Gelegenheit genug, einzugreifen,[1] teilweise unter der Leitung der Prinzen. Erwähnt sei nur, dass schon an jenem Abend jeder Zweifel an dem ablehnenden Verhalten der Bürgerschaft gegen das Treiben des Pöbels schwand. Es war nur noch vielfach betrunkenes Gesindel, «zumeist Banditen von jenseits des Rheins», mit denen man es zu thun hatte. Sie waren auch hier erschienen, wie eine Woche zuvor in Paris und bei den anderen Aufständen jener Zeit, wo sie, «die Leiter und Vollstrecker der öffentlichen und privaten Rachsucht» waren. Beides scheint hier zu seinem Recht gekommen zu sein. Wiederum waren die XVer die Bedrohten; sie flohen sämtlich aus der Stadt. Nicht zum besten erging es dem XIIIer Mogg, dem Sohn des Generaladvokaten, der bei der Aufdeckung der Veruntreuungen des Prätors Klinglin beteiligt gewesen. Sein Haus wurde gänzlich demoliert, und er selbst floh mit seiner Familie in das Kehler Posthaus.

Anfangs hatten die Soldaten noch Vergnügen daran gehabt,

---

[1] Vgl. das Nähere bei Strobel V. S. 325, und das. Anm. 1.

das Gesindel vor sich her zu jagen, ohne zu verhaften, was auch die Menschenmassen erschwert hätten. Gegen Mitternacht aber ward es ruhiger, und schliesslich brachte man gegen 400 Verdächtige ein, wovon der Magistrat jedoch nur ein Dutzend in Gewahrsam hielt.

Ohne Blutvergiessen waren diese aufregenden Tage hingegangen. Aber eine unberechenbare moralische Einbusse hatte der Magistrat erlitten, nicht minder freilich das Militär und seine obersten Führer. Es war jedermann unfasslich, dass es nicht eingegriffen hatte, und bleibt auch heute noch unerklärt. Ursachen sind, wie gesagt, ohne Zweifel die Kopflosigkeit Rochambeau's, die beginnende Auflösung der Mannszucht, und die erwachende Parteinahme für die Bürger, die wohl auf den Einfluss der ähnlichen Pariser Ereignisse zurückzuführen ist.[1]

Es kommen aber höchst auffallende Umstände hinzu. Einmal die Behauptung jenes Offiziers, er habe Befehl, nichts zu unternehmen. Das kann allerdings auf Rochambeau's Furcht zurückgeführt werden. Ferner aber die Antwort des Verhafteten in Kehl, auf die Frage, wer ihn zum Einwerfen der Fenster in der Pfalz veranlasst habe : «Ein Offizier der Kavallerie von Royal Alsace[2] habe es ihn und alle andern geheissen». Endlich die Schilderung Dampmartin's über jene Abendgesellschaft bei Klinglin. Zweifellos sind es Zeichen, die gegen eine völlige Ueberraschung und völliges Unbeteiligtsein der Offiziere, oder wenigstens eines Teiles derselben sprechen. Auch unter ihnen, nicht nur unter den Soldaten, war die Neigung vorhanden, dem Pöbel nicht zu wehren. Rochambeau, — das ist wohl sicher — hatte die Hand nicht im Spiele, wenn ihm auch ein schwerer Vorwurf nicht erspart bleiben kann.[3]

Aber welcher Offizier konnte überhaupt so sehr an dem

---

[1] Dafür spricht die Bemerkung der Repräsentanten (l. c.) über die Reue der Soldaten, dass die eigentlichen Bürger bei dem «Komplott» nicht beteiligt gewesen.
[2] Ein berittener Offizier dieses Infanterieregiments?
[3] Strobel in Kehl berichtet am 27. Juli: «Nach der Versicherung des Herrn von Perglas, bey Sr. Durchlaucht dem Prinz von Darmstadt logiert, soll von dem Magistrat eine Deputation mit Beschwerden über die Generalité allda nach Versailles abgesandt werden. Hochgedachter Prinz soll solcher die Schuld von den Verheerungen öffentlich beygelegt, sich seiner Seits aber gegen die Stadt recht cordial gemacht haben.»

Sturz des Magistrats interessiert sein, dass er einen Aufstand heraufbeschwor, wobei er eine ganze Stadt gefährdete? Daran, dass die Bewegung seit längerem vorbereitet war und von irgend welcher Seite gelenkt wurde, kann kein Zweifel bestehen. Das Erstere beweisen in allererster Linie die Warnungen vor «unangenehmen Auftritten», welche die Repräsentanten vorhersahen (vgl. S. 58 Anm. 2), und welche die Anwesenheit und das plötzliche Hervortreten des fremden Gesindels, woran man bisher so grossen Anstoss nahm, sehr einfach zu erklären scheinen; ferner die Erwartung einer «expédition» im Offizierskorps und das Herbeiströmen der Handwerker zu einer und derselben Stunde, endlich die aufreizenden Zettel und das besondere Feldgeschrei, das Young und andere bemerkten. Ehe wir aber weitere Vermutungen über die bedeutsame Teilnahme bestimmter Persönlichkeiten anstellen, wird es dienlich sein, sich nochmals den Grund der Erregung und möglicherweise mitwirkende Faktoren zu vergegenwärtigen. Den Anlass gab unbestreitbar das Verhalten des Magistrats besonders in bez. auf die Forderungen der Metzger und der Bäcker. Es ist aber, vor allem vom 21., durchaus nicht überliefert, dass gerade Metzger und Bäcker auf die Empörung gedrungen hätten.[1] Ihre Forderungen wurden gestützt durch das Militär (vgl. u. S. 92.) und die Schirmer. Letztere hatten zwar ihren eigensten Wunsch, die Selbständigkeit im Handwerk, vom Magistrat zugestanden erhalten, aber doch besonders unter den hohen Taxen zu leiden. Sie erzwangen daher die vermeintlich widerrufene Genehmigung der Wünsche der beiden Zünfte, die Handwerker durch Aufruhr, die französischen Soldaten durch völlige, die deutschen durch anfängliche Unthätigkeit. Es ist aber nicht unmöglich, und in den Verhältnissen wohl begründet, dass die Ursache zu der Bewegung nicht allein in materieller Bedrückung zu suchen ist. Sie kann tiefer gelegen haben, als bisher angenommen worden ist.

In der Einleitung wurde bereits darauf hingewiesen, dass

---

[1] Kehler Protokoll: «Seines Hausherrn Sohn habe ihm erzählt, ein Gastwirt habe am verflossenen Dienstag (21.) den in der Gaststube befindlichen Personen zugerufen: ‚Jetzt wehrt euch, schlagt alles zusammen! Ich will euch vor heute umsonst zu trinken geben!'»

ein, durch das ausschliessende Verhalten der alten Zünfte den
neueingewanderten katholischen Franzosen gegenüber stets wachgehaltener politisch-religiöser Gegensatz bestand, worauf die
Duldung Ludwig XVI. ohne grossen Einfluss bleiben musste,
solange die alten Einrichtungen, insbesondere das Verhältnis
der Schirmer, nicht fielen. Im Magistrat trat dieser konfessionelle Unterschied allerdings wegen der Alternative nicht hervor; in der Bevölkerung aber war es anders. Vielleicht eben
wegen der erwähnten Gleichbedeutung, die sich zwischen deutsch
und protestantisch einer- und französisch und katholisch andererseits herausgebildet hatte, blieb er lebendig. Wir finden denn
auch in den amtlichen Berichten aus Kehl verschiedene Hinweise auf die konfessionelle Gärung, die in Strassburg
herrschte und in den, dem Aufstand folgenden Wochen zu
ernsten Besorgnissen Anlass gab. (S. u. S. 105 Anm. 3).
Strobel hebt auch besonders hervor,[1] dass es eben Protestanten
gewesen, die am meisten persönlich der Gefahr ausgesetzt waren.
Allerdings darf man nicht vergessen, dass Lemp an sich verhasst und Brackenhoffer sein Tochtermann war, und die übrigen Verfolgten der XVerkammer angehörten. Ausserdem war
Kleinmann, einer der XVer, von der «Lucern» (Laterne) zum
Repräsentanten gewählt worden, während der Oberherr der
Bäckerzunft, der XVer Dorsner, in dieser doppelten Eigenschaft
doppelt hassenswert, falls die Bewegung sich gegen die G e w a l t
an sich richtete, n ic h t angegriffen ward. Man wird also nicht
all zu viel einseitiges Gewicht auf eine systematische Verfolgung
protestantischer Ratsherren legen dürfen, da auch der im Juli
entflohene XVer Flach bei der Neuwahl des Magistrats im August wieder in den Rat gewählt wurde. Aber die konfessionellen Gegensätze, die das Alte und das Neue verkörpern, g ä n z l i c h
ausser Beachtung zu lassen, wird nach den Aeusserungen aus

---

[1] Bericht des Hofrats Strobel vom 26. Juli: «Besonders ist es,
dass der meiste Hass auf Evangelische gefallen» : Lemp, Treitlinger,
Mogg, Flach, Kleinmann; Professor Brackenhoffer. Der letztere wurde
im Juli von einem Trupp aus der Ruprechtsau in seinem Haus zu
Schiltigheim bedroht. Es entging nur durch rechtzeitiges Eingreifen des Militärs der Zerstörung. (Bericht Strobels vom 27.) Auch
der protestantische Stättmeister S. von Oberkirch war schon am 20.
in Gefahr gewesen (vgl. Histor. Bericht).

der Nachbarstadt Kehl und ihrer durch das Verhalten der Geistlichen an Wert gewinnenden Wahrscheinlichkeit nicht statthaft sein. Es ist vielmehr anzunehmen, dass die neueingewanderten, an eine deutsche Magistratsverwaltung nicht gewöhnten Franzosen in letzter Linie im Hintergrunde des Aufstandes zu erblicken sind, was mit dem Verhalten der Soldaten und der Schirmer wiederum übereinstimmt, da eben unter ihnen sich die meisten Franzosen befanden. Wie bei dem Waagenstreit sah sich hier die Masse der Einwohnerschaft durch die städtische Gewalt selbst bedroht, und so wäre denn in der Organisation der Verwaltungsbehörden, besonders der XVer, und in den drückenden indirekten Steuern, in der Vereinigung eines politischen und eines materiellen Moments die Ursache, in dem Beispiel der Pariser Vorgänge der zufällige, letzte Anlass zu den Unruhen in Strassburg zu erblicken. Befriedigend ist diese Erklärung aber noch nicht. Es bleibt der eigentümliche Umstand, der einen geheimnisvollen und unklaren Schein auf den ganzen Vorgang wirft, das Benehmen Klinglins. Es trübt die willkommene Auffassung der Unmittelbarkeit des Aufstandes, obwohl thatsächlich für die beabsichtigte Leitung desselben nur eben Vermutungen aufzustellen sein werden.

Der auffallendste Punkt in dem ganzen Aufruhr ist derjenige, wo am Vormittag des 21. das Gerücht entstand, der Magistrat werde seine Zugeständnisse zurückziehen. Lassen wir hier Taine für uns reden:[1]

«Derlei Gerüchte genügen, um eine leidende Menge zu Gewaltthaten zu reizen; und es genügt, dass sie Jene zu Ratgebern und Führern nehmen, die sie in derselben Richtung, die ihnen ohnehin am besten zusagt, vorwärts treiben; das Volk kann nicht ohne Führer sein.» Der Führer der Schirmer aber war Klinglin, ihr Repräsentant, und die Forderungen der Metzger und Bäcker vertrat Klinglin, sogar vor dem Magistrat. Im Vergleich zum Königslieutnant hatten die Ratsherren bei der niederen Bevölkerung ihre Rolle ausgespielt; denn schon seit den Repräsentantenwahlen hiess jener ihr «Vater». Eben deshalb aber ist sein Verhalten um so auffallender. Konnte er nicht, da er allem nach auch eine immerhin beach-

---

[1] A. a. O I. S. 338.

tenswerte Gewalt über das Militär gehabt zu haben scheint, — trotz der angeblichen Erklärung, es werde ihm nicht mehr gehorchen,[1] führte er seine Pikets, mit denen er sich hier und dort sehen liess, anstandslos durch die aufgeregten Massen, — konnte er nicht sein Ansehen anders geltend machen, als in beruhigenden Worten, die alles, ausser Feuer, erlaubten? Dies Verhalten eines Offiziers, und dabei die Vertretung der Wünsche von Gewerken durch einen adeligen, französischen Offizier, seine Verhimmelung durch die untersten Schichten des dritten Standes einer ganzen Stadt, das scheint gänzlich ungereimt.

In anderem Lichte freilich zeigt sich das Bild, wenn man bedenkt, dass dieser Offizier den Namen Klinglin trug. Da scheint jenes Verhalten gewaltsam mit dem natürlichen Hass des Mannes gegen den Magistrat zusammenzustreben. Es ist ihm denn auch, mehr oder weniger verhüllt, die Schuld am Aufstand beigemessen worden, und seine Stellung in Strassburg war alsbald so unhaltbar, dass er um seine Versetzung einkam.[2]

Er hat sich gegen solche Anschuldigungen verteidigt; vor allem gegen eine Behauptung, die leicht unglaubhaft zu machen ist. Klinglin sollte den Pfalzsturm eingeleitet haben, um die Prozessakten seines Vaters, bzw. Grossvaters zu vernichten.[3] Weitere Erörterungen hieran zu knüpfen, scheint müssig, da im Verlauf des Prozesses vom Magistrat als Antwort auf eine Klinglin'sche Verteidigungsschrift ein Memorial an den König gesandt und von diesem dem Parlament zu Grenoble überwiesen ward,[4] worin eine Menge der unlauteren Geldgeschäfte des älteren Prätors aufgezählt wurden. Mit der Vernichtung der Strassburger Archive war daher ein bedenkliches Belastungszeugnis gegen Klinglin's Grossvater keineswegs aus der Welt geschafft, und dass er von dessen Dasein nichts gewusst haben sollte, ist höchst unwahrscheinlich. Ausserdem hätte er seinen Zweck bei dem Sturm auf die Pfalz gar nicht vollkommen erreicht. Neben vielen Papieren, besonders der Korrespondenz zwischen dem nach Paris gesandten Advokaten[5]

---

[1] Man bedenke das Verhalten der «deutschen» Regimenter!
[2] Strassb. Post vom 21. Juli 1889.
[3] Vgl. Strobel S. 323. Anm. 2.
[4] Vgl. Friese a. a. O. IV. 126 fg.
[5] Dessen Korrespondenz mit dem Prätor Regemorte (z. B. St.-A.

und dem Magistrat, sind die Protokolle namentlich der drei geheimen Stuben von 1751 fg. erhalten geblieben. Sie tragen nicht die Spuren besonderer Zerstörungswut, obgleich darin manches enthalten ist, was auf die Unehrenhaftigkeit jenes Prätors und den daran sich knüpfenden Prozess Bezug hat.[1] Man kann daher nicht sagen, dass alles Aktenmaterial sich in Grenoble befunden habe ; aber man kann sagen, dass die Vernichtung des Strassburger Archivs ganz zwecklos war, wenn Klinglin nicht auch die Akten aus Grenoble, ja aus Besançon und Paris in seine Hände bekam. Daher ist diese Begründung seines Verhaltens und die Glaubhaftigkeit der an dieselbe sich anknüpfenden Erzählungen[2] zurückzuweisen. War doch der Prozess gegen seinen Vater vom Mai 1753 bis zu seinem Ende im September desselben Jahres in Grenoble geführt worden!

Aber abgesehen von dieser Frage, — dass er dem Magistrat nichts Gutes wünschte, geht klar aus seinem Benehmen gegen denselben im Winter 1788/89 hervor.[3] Dies, in Verbindung mit den Thatsachen des Sommers scheint allerdings unabweislich auf seine Führerschaft, auf die Lahmlegung der militärischen Hilfskräfte durch seinen Einfluss hinzuführen. Für die Unthätigkeit des Militärs trifft ihn jedenfalls der grösste Vorwurf, und damit auch die Schuld an der Ausdehnung, die der Aufruhr gewann.

Ganz unbegründet sind dagegen die in der «Räuberbande» und den «Gräueln der Verwüstung» gegen Dietrich geschleuderten Anfeindungen. Dass er den Aufstand hervor-

---

AA 2551) stammt aus den Archives des Préteurs, die Gerard der Stadt zur Ersetzung ihres Verlustes an Aktenmaterial überwies.
[1] Dass die Prozessakten nach Grenoble geschickt worden sind, ist wohl nicht zu bezweifeln, wenn auch, so weit ich sehe, in den Protokollen nichts davon erwähnt ist. Zum Teil befanden sich aber noch andere belastende Originalschriftstücke in Strassburg (vgl. Relevée des documents etc. 1752. St.-A. AA. 2536), und der Magistrat gab, als die Familie den Prozess aufgenommen hatte und viele in ihrem Sinne entlastende Schriftstücke abforderte, nur Auszüge, bzw. Abschriften derselben heraus. Besonders bemerkenswert ist das erhaltene «Conferenz Protokoll» über ein Verhör betr. die Klinglin'sche Angelegenheit. Vgl. Friese, a. a. O. IV. 84 fg., bzw. Protokoll R. u. XXI. 1752, am Schluss.
[2] Vgl. Friese, a. a. O. IV. 260. Strobel V. S. 320. Anm. 1.
[3] Vgl. o. S. 57.

gerufen haben sollte, ist so gut wie ausgeschlossen, selbst wenn man zugiebt, dass Aussicht vorhanden war, mit einem solchen Handstreich die Stadtverfassung zu stürzen, was vielleicht nach seinem Sinne sein mochte. Aber zu solchen Schritten war es noch nicht Zeit. Die Privilegien bestanden noch in Frankreich, und es konnte sich höchstens um einen Personenwechsel handeln, nicht um eine Aenderung des Systems. Erwähnenswert ist allenfalls sein geringes Hervortreten gegenüber dem Volk im Vergleich mit Klinglin. Er hielt sich durchaus an seine Vorschrift, an sein Amt als Vermittler. Hätte er um das Bevorstehende gewusst und es begünstigt, so hätte er sich durch den Rat, alle Wünsche der Repräsentanten anzunehmen, selbst nur die Hände gebunden, oder zum mindesten die Ausführung seines Planes verzögert. Er schützte vielmehr die alte Verfassung durch die Erklärung, dass die Beschlüsse, in der Bedrängnis verfasst, der Rechtskraft entbehren.

Lebenslauf.

Ich, Manfred Eimer, geboren den 29. Oktober 1871 zu Würzburg als Sohn des damaligen Privatdozenten Dr. G. H. Theodor Eimer aus Lahr i. B. und seiner Frau Anna, geb. Lutteroth aus Hamburg, besuchte vom Herbst 1879 an das Gymnasium zu Tübingen und erwarb das Zeugnis der Reife in Cannstatt, im Juli 1891. — Im Winter 1891/92 und im Sommer 1892 begann ich in München das Studium der Medizin. Dies sagte jedoch meiner Neigung nicht zu, und die unvergessliche Güte meines Vaters legte dem nichts in den Weg, dass ich vom Winter 1892/93 an in Tübingen die G e s c h i c h t e als Hauptstudium ergriff. Allen meinen Lehrern daselbst bin ich zu ausserordentlichem Dank verpflichtet, für die Förderung meiner Studien sowohl, wie für die auszeichnend freundschaftliche Gesinnung, die mir viele derselben zu teil werden liessen. Ich möchte besonders die Herren Professoren Dr. Dietrich Schäfer (jetzt in Heidelberg), Kugler, J. F. Neumann, Ph. Strauch (in Halle) und Hoops (in Heidelberg) bitten, dies hier angelegentlich erwähnen zu dürfen. — Im Sommer 1895 siedelte ich nach Strassburg über, wo ich, unterstützt durch ermunterndes Entgegenkommen auch der dortigen Herren Professoren Dr. Varrentrapp, Bresslau, K. J. Neumann, Brandl (in Berlin), Koeppel und Gerland, sowie die vortrefflichen Lehrmittel der Universität und der Universitäts- und Landesbibliothek bis auf den gegenwärtigen Zeitpunkt das Studium fortgesetzt habe. Es gelang mir dabei, am 1. Mai 1896 für die vorliegende Arbeit von der Philosophischen Fakultät den vollen Preis zu erhalten. Auch meinen hochverehrten Strassburger Lehrern, und unter diesen namentlich dem geneigten Förderer dieser Arbeit, Herrn Professor Dr. Varrentrapp, meinen aufrichtigsten Dank auszusprechen, ist mir eine angenehme Pflicht.

Strassburg i. Elsass, im Juni 1897.